Pour

_____

de la part de

_____

Le livre de la

Sœur

(presque)

parfaite

Le livre de la Sœur (presque) parfaite

POUR ÊTRE UNE
Sœur idéale

Alison Maloney

ILLUSTRATIONS KATIE MAY

Éditions
de La Martinière

Titre original : *The Sisters' Book*
Publié en Grande-Bretagne en 2010
par Michael O'Mara Books Limited
9 Lion Yard
Tremadoc Road
London SW4 7NQ

Conception graphique : K DESIGN, Winscombe, Somerset
Illustration de couverture : Robyn Neild
Illustrations intérieures : www.katiemay.me.uk

Pour l'édition française :

Couverture : Valérie Gautier
Traduction de l'anglais : Dominique Haas
et Stéphanie Leigniel
Adaptation en français : Renaud Bezombes

ISBN : 978-2-7324-7117-4

Retrouvez-nous sur www.editionsdelamartiniere.fr
www.facebook.com/editionsdelamartiniere

Achevé d'imprimer en mars 2016
Sur les presses de l'imprimerie L.E.G.O. en Italie

Dépôt légal : mai 2016

Pour Kirsty,
une sœur vraiment super

Sommaire

❁ · ❁ · ❁ · ❁ · ❁ · ❁ · ❁ · ❁ · ❁ · ❁ · ❁ · ❁ · ❁ · ❁ · ❁ · ❁ · ❁

Introduction

Elle est votre meilleure amie, et parfois votre ennemie ; elle est le yin de votre yang. Elle est votre rivale et votre plus grande fan. Mais surtout, une sœur est votre soutien constant et c'est vers elle que vous vous tournez quand ça va mal.

Les sœurs partagent plus qu'une histoire de famille. Elles ont traversé les mauvaises passes, les régimes sans espoir, les complots contre papa et maman, les chamailleries stupides et d'innombrables rigolades. Elles ont serré les dents ensemble quand les parents leur mettaient la honte devant tout le monde, elles se sont disputé des chaussures fabuleuses, sont allées à l'école ensemble, ont joué ensemble et survécu aux mêmes vacances familiales.

Ce livre rend un vibrant hommage aux joies – oserons-nous un néologisme ? – de la *franginitude* dans toute sa splendeur complexe. Illustré d'histoires vraies et de conseils pratiques, il se penche avec l'esprit et la sagesse des sœurs – et des frères – d'hier et d'aujourd'hui sur le lien spécial qui unit les fratries et donne des conseils sur les écueils susceptibles de mettre la barque en péril.

Une sœur occupe une position unique dans la famille. C'est une parente, mais aussi une amie. Un soutien, et parfois une vraie plaie. Mais – et peut-être surtout – c'est une compagne de toute la vie, dans les bons comme les mauvais jours.

Du berceau à la tombe, une sœur est une bénédiction permanente. Fiable, loyale et aimante, toutes en chœur, chantons les louanges de la sœur la plus géniale en tout.

> « Les enfants d'une même famille, d'un même sang, ayant eu les mêmes premières fréquentations et habitudes disposent d'un potentiel de bonheur qu'aucun autre lien ultérieur ne leur apportera. »
> JANE AUSTEN, *MANSFIELD PARK*

Liens de famille

Une sœur est comme un vase ancien, précieux : un cadeau à manipuler avec précaution. Peu importe la différence d'âge, c'est une relation particulière, et qui marquera à jamais votre vie.

Une sœur aînée est comme une seconde maman, protectrice, qui veille sur ses frères et sœurs et les protège – et qui peut aussi, parfois, leur passer un savon.

Une sœur cadette, elle, viendra souvent trouver sa grande sœur, l'imitera pendant son adolescence et deviendra, en grandissant, une amie proche et un soutien inestimable.

UNE SŒUR EST UNE AMIE

Une sœur est toujours là quand on a besoin de quelqu'un à qui parler. C'est une oreille attentive, une épaule sur laquelle on peut pleurer et une copine avec qui partager de bons moments.

Vous venez toutes les deux du même milieu, vous avez fait front commun contre les parents, et elle vous comprend mieux que personne. Elle sera la première à vous aider dans la peine, et la première à qui vous annoncerez les bonnes nouvelles.

En un mot comme en cent, c'est votre meilleure amie.

QUERELLES DE FAMILLE ?

N'empêche que vous avez intérêt à rester dans ses petits papiers !

L'enfer n'a pas de furie comme une sœur bafouée, et une querelle entre frères et sœurs peut devenir vraiment très moche. Le savoir c'est le pouvoir. Et il y a de bonnes chances pour que ce soit la seule personne au monde qui connaisse *tous* vos secrets… Par exemple :

- que vous en pincez pour celui qu'il ne faudrait pas
- où vous avez passé la nuit alors que vous avez raconté que vous restiez dormir chez une copine
- comment vous avez triché à un examen
- vos mots de passe sur les réseaux sociaux
- que c'était vous qui aviez cassé la coupe en verre préférée de maman (alors que vous aviez accusé le chien)

Soyez attentive, gentille, et consacrez-lui toute l'attention que vous aimeriez qu'elle vous accorde.

N'oubliez pas qu'avoir une sœur de son côté, c'est avoir toujours une amie près de soi.

De sacrés numéros

L'histoire du show-business regorge de sœurs au talent précoce, qui chantaient et dansaient ensemble dans les chambres et les salons de leur enfance.

LES PETITES CHÉRIES DES FORCES ARMÉES

Les Andrews Sisters, qui comptent davantage de tubes que les Beatles ou Elvis Presley, ont été d'immenses vedettes pendant les années 1940, jouant un rôle considérable pour le moral des troupes alliées au cours de la Seconde Guerre mondiale.

LaVerne, Maxene et Patty sont nées dans le Minnesota, d'un père grec et d'une mère norvégienne. Elles ont commencé à chanter ensemble dès l'âge le plus tendre et leur carrière a décollé à la fin des années 1930, quand leur chanson « Bei Mir Bist Du Schön » a été disque d'or. C'était la première fois que cet honneur était dévolu à des vedettes féminines.

Pendant la guerre, les Andrews Sisters ont sillonné l'Amérique et se sont rendues en Afrique et en Italie pour faire la tournée des bases militaires et des hôpitaux afin de se produire devant les troupes. Il leur arrivait aussi d'inviter à dîner des soldats tirés au sort ! Après une brève séparation dans les années 1950, le groupe s'est reformé jusqu'en 1967, date à laquelle LaVerne est hélas morte d'un cancer.

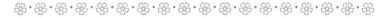

Les Andrews Sisters ont vendu quelque 100 millions de disques, battu des records en se classant 113 fois au hit-parade – avec notamment l'inoubliable « Boogie Woogie Bugle Boy » – et figuré dans dix-sept films hollywoodiens.

« Ce qu'il y a de merveilleux, c'est d'avoir été ensemble pendant toutes ces années. Nous nous habillions ensemble, dormions dans la même chambre, faisions du lèche-vitrines ensemble et, évidemment, répétions ensemble. Nous ne nous quittions pas. »

MAXENE ANDREWS

BARBIES BRITANNIQUES

Nées dans les années 1920 à Londres, les Beverley Sisters – Joy Beverley et ses sœurs jumelles Babs et Teddie – devinrent la réponse anglaise aux Andrews Sisters dans les années 1950 et 1960. Des tubes comme « Little Drummer Boy » ont fait d'elles les artistes féminines les mieux payées du Royaume-Uni, et le premier groupe féminin anglais à entrer dans le top 10 aux États-Unis.

Après s'être produit pendant cinquante ans, le trio est entré dans le *Livre Guinness des records* pour sa longévité unique sans changement de formation. Connues pour s'être toujours habillées pareil (même le jour de leur mariage), les sœurs se présentèrent en tenues identiques à Buckingham Palace pour recevoir l'ordre de l'Empire britannique lorsqu'elles prirent leur retraite, en 2006.

Marchant sur les traces de leurs mères, les filles des Beverley Sisters se produisent maintenant ensemble. Leur groupe, les Foxes, est composé de Babette et Vicky, les filles de Joy, et de Sasha, la fille de Teddie.

PRINCESSE DE LA POP ET REINE DE « THE X FACTOR »

Les belles Australiennes Kylie et Dannii Minogue sont nées à trois ans d'écart, en 1968 et 1971 (leur frère, Brendan, a vu le jour entre les deux). Elles ont connu la gloire très tôt : d'abord, Dannii, la plus jeune, mais en 1986 Kylie a décroché le rôle de Charlene dans *Neighbours*, ce qui lui a valu une gloire internationale.

Ensuite, Dannii fut engagée pour le *soap* rival, *Home and Away*, avant d'entamer une brillante carrière dans la pop, mais elle n'a jamais atteint le succès vertigineux de sa sœur : «The Locomotion» est devenu le single le plus vendu d'Australie dans les années 1980, et aujourd'hui, Kylie peut se targuer d'avoir vendu 60 millions de disques dans le monde entier.

Pourtant, Dannii n'a jamais souffert du succès de sa sœur et elles restent très soudées. «Nous avons été élevées dans une famille où on s'aime et se soutient mutuellement, a-t-elle dit, et ça n'a pas changé. »

Depuis, leurs carrières ont suivi des chemins séparés, Dannii devenant présentatrice à la télévision, styliste, et revenant parfois sur la scène musicale, tandis que Kylie se consacrait à la musique. La carrière de Dannii a été relancée ces dernières années lorsqu'elle a décroché des rôles de juge dans des émissions très en vue comme «Australia's Got Talent» et «The X Factor».

> « Ma sœur m'a appris tout ce que j'avais vraiment besoin de savoir, et elle n'était qu'en sixième à l'époque. »
>
> LINDA SUNSHINE

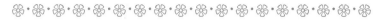

> « La plus douce, la plus indolente des sœurs se changera
> en tigresse si l'autre est menacée. »
>
> CLARA ORTEGA

SIRÈNES ESPAGNOLES

Les spectateurs du monde entier connaissent l'actrice Penélope Cruz, mais qui, chez nous, est au courant des dons de sa sœur Monica ? Pourtant, en Espagne, leur pays natal, Monica est une actrice et une danseuse célèbre, que son aînée, Penélope, a décrite comme « beaucoup, beaucoup plus belle que moi, et bien plus talentueuse, aussi ».

Les deux sœurs ont pris des cours de danse classique dès l'âge de quatre ans ; à sept ans, Monica a intégré la célèbre compagnie de Joaquín Cortés.

Penélope a renoncé à la danse pour devenir actrice, et ses premiers rôles au cinéma ont été favorablement accueillis en Europe. *Tout sur ma mère* (1999) de Pedro Almodóvar ayant attiré l'attention sur elle outre-Atlantique, elle a tenu la vedette dans de nombreux blockbusters, dont *Capitaine Corelli*, et en 2009 a remporté un oscar pour sa prestation dans *Vicky Cristina Barcelona* de Woody Allen.

De son côté, Monica est devenue une gloire de la télévision nationale, mais elle reconnaît qu'une barrière l'empêche de connaître le même succès que sa sœur : « Je ne parle pas anglais, alors je ne vois pas comment je pourrais faire carrière à Hollywood », a-t-elle dit, en 2009, au *Daily Mail* – avec l'aide d'un traducteur.

Loin des écrans, les sœurs Cruz se sont embarquées conjointement dans l'aventure de la mode, et ont conçu plusieurs lignes de vêtements pour Mango.

Lors du lancement de la collection de 2008, Penélope a révélé que c'était un rêve qu'elles faisaient toutes les deux depuis l'enfance : « Quand on était petites, ma sœur et moi, on se cachait dans la salle de bains avec les magazines de notre mère et on jouait à être stylistes. »

SŒURS D'ÂME

Si vous voulez percer dans le show-business, avoir une sœur dans l'un des groupes de R'n'B les plus populaires de tous les temps ne gâche rien. Solange Knowles a toujours été passionnée par le chant, la composition musicale et la danse, et son aînée Beyoncé s'est fait une joie de l'aider. Les deux sœurs, qui ont cinq ans d'écart, ont été encouragées dès l'enfance à cultiver leurs dons pour la musique. Beyoncé avait quinze ans quand elle a sorti son premier single, et Solange quatorze lorsqu'elle a commencé à travailler sur son premier album, *Solo Star*.

En 1997, les Destiny's Child firent leur entrée sur la scène musicale, enchaînant les premières places au hit-parade américain et remportant deux Grammy Awards. À ce jour, les Destiny's Child et Beyoncé, en solo, ont vendu plus de 100 millions de disques. Solange a contribué à ce succès en écrivant des chansons soit pour le groupe soit pour ses membres individuellement. En 2003, à seize ans, elle a lancé son premier album, qui s'est classé en 23e position.

❀ · ❀ · ❀ · ❀ · ❀ · ❀ · ❀ · ❀ · ❀ · ❀ · ❀ · ❀ · ❀ · ❀ · ❀ · ❀ · ❀

Les deux sœurs, qui sont nées dans une famille unie, sont constamment en contact et leurs succès inégaux n'interfèrent pas avec leur amitié.

PAIRES DE JUMELLES

Mary-Kate et Ashley Olsen ont fait sensation en Amérique en jouant la comédie avant même de savoir marcher, au sens propre du terme.

À six mois, les jumelles californiennes avaient été engagées pour jouer le même personnage dans une série télévisée, *Full House* (*La Fête à la maison*). La série fut tellement populaire qu'elle se poursuivit jusqu'à leur huitième anniversaire ; à cette date, les deux filles s'étaient fait un nom, avaient créé leur label et fondé leur première société, Dualstar, en 1993. Elles avaient à peine sept ans.

Au début des années 2000, un gigantesque éventail de produits portait leur nom : des vêtements, des livres, des parfums, du maquillage, des magazines et même des poupées. À seize ans, elles faisaient leur entrée dans le classement annuel des plus grandes fortunes mondiales établi par le magazine *Forbes*.

Grandir sous l'œil du public n'a jamais semblé impressionner les jumelles insouciantes, mais Ashley pense que ce qui leur permet de garder les pieds sur terre est l'étroitesse de leurs liens : « Elle est toujours là quand j'ai besoin d'elle, dit-elle de sa sœur. C'est ma meilleure amie ; elle est tout pour moi. »

Chose étonnante, malgré leur ressemblance, les Olsen ne sont pas de vraies jumelles. Et elles ne croient pas non plus être tellement identiques : « Nous avons l'impression, Ashley et moi, d'être complètement différentes », proclame Mary-Kate.

❀ · ❀ · ❀ · ❀ · ❀ · ❀ · ❀ · ❀ · ❀ · ❀ · ❀ · ❀ · ❀ · ❀ · ❀ · ❀ · ❀

AUTRES SŒURS SOUS LES FEUX DES PROJECTEURS

❀ Kourtney, Kim et Khloé Kardachian, héroïnes de la téléréalité grâce à laquelle rien de leurs aventures et déboires familiaux n'échappe au public.

❀ Vanessa et Lynn Redgrave, actrices britanniques. Les filles de Vanessa, Joely et Natasha Richardson, ont suivi leurs traces et repris le flambeau familial.

❀ Andrea, Caroline et Sharon Corr qui, avec leur frère Jim, constituent le groupe pop irlandais The Corrs.

❀ Rosanna et Patricia Arquette, appartenant à l'une des fratries les plus célèbres d'Hollywood, la première remarquée notamment pour *Le Grand Bleu* et *Pulp Fiction*, la seconde pour *Lost Highway* et la série *Médium*.

❀ Les Nolans, groupe de pop music irlandaise surtout connu pour « I'm in the Mood for Dancing » et constitué d'Anne, Denise, Maureen, Linda, Bernadette et Coleen.

❀ Emmanuelle et Mathilde Seigner, deux comédiennes très présentes sur les écrans français. Leur sœur cadette, Marie-Amélie, a choisi la carrière musicale.

❀ Les Pointer Sisters – June, Bonnie, Anita et Ruth –, groupe américain qui a connu le succès avec des tubes comme « I'm So Excited », « Slow Hand » et « Jump (For My Love) ».

❀ Maïwenn Le Besco, dite Maïwenn (*Polisse*), et Isild Le Besco (*L'Intouchable*), toutes deux actrices, scénaristes et réalisatrices.

Être
une sœur géniale, c'est...

- L'aider à se sortir d'un mauvais pas sans cafter à papa et maman.
- Lui prêter votre dernier liard pour qu'elle se paye cette indispensable paire de Louboutin.
- Sacrifier une sortie en boîte pour lui tenir compagnie parce qu'elle a le blues.
- La laisser emprunter votre petit haut préféré alors que vous ne l'avez même pas mis deux fois.
- Passer ses petits amis sur le gril pour s'assurer qu'ils ne vont pas lui briser le cœur.
- Lui confier les clés de votre voiture parce qu'elle a déjà embouti la sienne.
- Lui faire du bouillon de poule et des grogs quand elle a la crève.
- Garder ses moutards pendant votre seul jour de congé hebdomadaire.
- Partager les rires et les larmes.
- Supporter avec elle le fardeau familial et l'alléger.

Souvenirs de jeunesse

Les sœurs ne sont pas seulement unies par les liens du sang. Elles partagent quelque chose d'unique : une enfance commune. Grandir avec quelqu'un procure une vision et une intimité dans la relation impossibles à recréer, même avec les plus proches amies.

Votre sœur a subi vos caprices d'enfant et vos colères d'ado, elle s'est fâchée à mort avec vous, elle a fait les frais de vos sautes d'humeur. Et puis elle vous a vu surmonter vos gros chagrins, s'est réjouie de vos réussites et chérit les liens qui vous unissent depuis toujours.

ENFANTILLAGES

Ces liens se forgent au fil de l'enfance avec leur cortège de jeux et de farces. Penche-toi sur ton passé, ô ma sœur. Tes frangines et toi-même avez-vous jamais essayé l'une des choses suivantes ?

CODES SECRETS

Il a toujours été d'une extrême importance que vous puissiez communiquer secrètement, votre sœur et vous – sans que vos parents aient vent de ce que vous mijotiez (enfin, ça, c'est ce que vous pensiez). Certains codes de votre invention étaient probablement plus faciles à cracker qu'une allumette, mais vous vous êtes sûrement bien amusées à les mettre au point.

Vous utilisiez peut-être des chiffres à la place des lettres, ou l'alphabet inversé, ou bien encore des petits coups frappés sur le mur entre vos deux chambres pour communiquer – quel que soit votre codage de prédilection, l'opération Code secret était une *Mission : possible* pour votre frangine et vous.

FESTINS DE MINUIT

Aucune enfance nourrie à la lecture des livres d'Enid Blyton ne serait complète sans au moins une tentative de festin de minuit – même si papa vous a surprises en chemise de nuit dans l'escalier et aussitôt renvoyées au lit.

Le fantasme était toujours composé de choux à la crème et de petits gâteaux arrosés de sodas. La réalité était ce qui restait dans le réfrigérateur après le goûter.

QUE TU ES BELLE!

Le moment où les petites filles commencent à s'intéresser à la mode marque celui où leur créativité pointe le bout de son nez. De là à l'élaboration de maquillages faits maison pour toute la famille, il n'y a qu'un pas.

Le cocktail trousse à maquillage de maman et frimousse d'une petite sœur permet des variations infinies. Du fard à paupières vert ? Super ! Du rouge à lèvres écarlate ? Et comment ! Sans oublier le blush : un must ! Le résultat n'aurait sans doute pas mérité un prix de beauté, mais les photos de ce genre de séance sont assurément inestimables.

LES FEUX DE LA RAMPE

Les enfants sont moins inhibés que les adultes, et ils ne laisseront pas passer une occasion de briller devant papa et maman.

C'est ainsi que vous avez sûrement présenté avec votre sœur des numéros de cabaret maison, des pièces de théâtre et des récitations de poésie – peut-être avec une pincée de danse moderne sur les tubes pop à la mode – le tout conçu et répété dans votre chambre avant la grande première dans le salon.

IMAGINATION MAGIQUE

Et votre créativité ne s'arrêtait pas là. Vous avez sûrement passé des heures, votre sœur et vous, à inventer des jeux, qu'il s'agisse de variations compliquées sur le thème de cache-cache ou d'histoires improvisées pour les petits personnages de votre maison de poupées et dignes de rivaliser avec les *soap operas* les plus délirants.

« Si les sœurs pouvaient exprimer leurs véritables sentiments, voici ce qu'entendraient les parents : "Consacrez-moi toute votre attention, donnez-moi tous les jouets et envoyez Rebecca vivre chez Mémé". »

LINDA SUNSHINE

TRADITIONS FAMILIALES

Vous avez grandi, votre sœur et vous, avec les traditions familiales transmises par vos parents, et maintenant Noël ne serait pas tout à fait Noël sans ces recettes de famille, ces décorations préférées et ces surprises annuelles.

Personne ne comprend comme une sœur l'importance de ces souvenirs d'enfance. Mais la beauté de la famille, c'est qu'ils ne sont pas perdus : vous pourrez, votre sœur et vous, les faire revivre pour vos propres enfants, le moment venu...

« Une sœur est un petit bout d'enfance qui ne sera jamais perdu. »
MARION C. GARRETTY

Sœurs de lettres

Au cours de l'Histoire, les auteurs ont puisé dans le vivier fertile des relations entre sœurs la matière d'innombrables romans, et la littérature classique a produit de nombreux couples de sœurs inoubliables.

Voici quelques-uns de ces tandems.

LES SŒURS BENNET

Au début du roman de Jane Austen, *Orgueil et Préjugés* (1813), Mr. et Mrs. Bennet, un gentleman cultivé et sa femme un brin frivole, ont cinq filles et un énorme problème : faute d'héritier mâle, le patrimoine familial ira à un cousin éloigné et, à moins qu'une des filles au moins épouse un homme fortuné avant la mort de Mr. Bennet, toute la famille se retrouvera ruinée et à la rue.

Le roman explore la façon dont la famille tente de résoudre le problème, et s'amuse à jouer avec les mariages potentiels pour les cinq filles, aussi différentes qu'il est possible de l'être.

Voici un petit portrait des sœurs Bennet :

Jane – l'aînée du clan, la plus belle, la plus douce et la plus sensible. Elle a le béguin pour le riche voisin, Mr. Bingley, qui semble également attiré par elle.

Elizabeth – la principale protagoniste, la plus intelligente et la plus spirituelle des cinq sœurs. Au début, elle en pince pour Mr. Darcy, mais sa muflerie et son arrogance la rebutent; par la suite, le jeune homme est séduit par sa vivacité et sa beauté.

Mary – la sœur du milieu, qui n'est ni belle ni brillante, mais toujours plongée dans les livres, sur lesquels elle compte pour s'élever. Ses remarques pédantes suscitent la moquerie.

Kitty et **Lydia** – les deux benjamines, aussi frivoles et évaporées que leur mère. Elles passent une grande partie du roman à flirter avec les officiers de la garnison de la ville fictive de Meryton, ou à courir bals et loteries.

LES SŒURS MARCH

Les Quatre Filles du docteur March (1868) a été inspiré à Louisa May Alcott par sa propre vie avec ses trois sœurs, Anna, Elizabeth et Abigail. L'histoire se passe dans sa ville natale, Concord, dans le Massachusetts.

Ses protagonistes sont :

Jo – Garçon manqué, dotée d'un caractère bouillant et d'une passion pour l'écriture, sa nature impulsive lui vaut de se fourrer souvent dans le pétrin. Un autoportrait à peine voilé de la romancière américaine à l'âge de quinze ans.

Meg – la sœur aînée, seize ans, est à la fois jolie et sensible. C'est elle qui dirige la maisonnée en l'absence de leur mère.

Beth – douce et charitable, c'est la sœur préférée de Jo. Elle aide des familles pauvres dans la région avec sa mère. À un moment de l'histoire, elle est gravement atteinte de la scarlatine.

Amy – vaniteuse et trop gâtée, Amy se dispute souvent avec Jo. Un jour, Jo refuse de la laisser venir au théâtre. Furieuse, la gamine de douze ans jette dans le feu le roman inachevé que sa sœur était en train d'écrire. Jo lui dit qu'elle ne lui pardonnera jamais, mais le lendemain Amy tombe dans un lac pris par les glaces, et les deux sœurs se réconcilient.

Chacune des sœurs a un défaut de caractère majeur dont elle doit triompher pour coller à l'idée que ses parents se font du comportement idéal d'une jeune fille. Meg est vaniteuse, Jo explosive, Beth timide et Amy d'un égoïsme invétéré.

Alcott poursuit la chronique familiale dans ses romans suivants : *Les filles du docteur March se marient* (1869), *Le Rêve de Jo March* (1871), et *Jo et sa tribu* (1886).

❀ · ❀ · ❀ · ❀ · ❀ · ❀ · ❀ · ❀ · ❀ · ❀ · ❀ · ❀ · ❀ · ❀ · ❀ · ❀ · ❀

LES SŒURS PROZOROV

Dans *Les Trois Sœurs*, la pièce de Tchekhov écrite en 1900, des personnages solitaires se cramponnent les uns aux autres comme si c'était leur seul réconfort dans la vacuité de l'existence. Située dans une petite ville de Russie, la pièce suit Olga, professeur de lycée très désireuse de se marier, Masha, épouse d'un enseignant sans envergure et amoureuse sans espoir d'un colonel de l'armée, et Irina, qui a deux prétendants dont elle se soucie comme d'une guigne.

Le trio, malheureux dans l'existence, rêve d'une nouvelle vie à Moscou et se distrait faute de mieux avec les soldats en garnison dans la ville. La situation devient véritablement désespérée quand leur frère épouse la vile Natasha, qui s'empare peu à peu de la maison de famille et détruit le seul et dernier refuge.

TANTE PIQUETTE ET TANTE ÉPONGE

Enfantées par le légendaire Roald Dahl dans *James et la grosse pêche* (1961), Tante Piquette et Tante Éponge sont les sœurs les plus méchantes de la littérature moderne.

L'une maigre et osseuse, à la voix stridente, l'autre ronde et flasque, aux petits yeux de cochon, les deux harpies recueillent un neveu orphelin, James, et s'ingénient à faire de sa vie un

❀ · ❀ · ❀ · ❀ · ❀ · ❀ · ❀ · ❀ · ❀ · ❀ · ❀ · ❀ · ❀ · ❀ · ❀ · ❀ · ❀

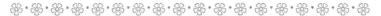

enfer. Elles lui refusent jusqu'aux droits fondamentaux de l'enfance, lui interdisant les jouets et les camarades de jeux.

Lorsqu'un mystérieux vieil homme donne à James un sac de graines vertes, brillantes, qui transforment une pêche ordinaire en une immense sphère pleine d'insectes doués de parole, James échappe à ses tantes cruelles et part à l'aventure.

Joanna Lumley et Miriam Margolyes (Evelyn Selena et Paule Emanuele pour la version française) ont prêté leur voix à Tante Piquette et Tante Éponge dans la version animée de 1996, *James et la pêche géante*.

« L'amour qui unit les sœurs est, de tous les sentiments, le plus abstrait. La nature ne lui reconnaît aucune fonction. »

UGO BETTI

LES SŒURS SCHLEGEL

Situé au début des années 1900, le roman à succès d'E. M. Forster, *Howards End* (1910), s'intéresse autant aux relations entre les classes sociales qu'entre les sœurs.

Margaret et Helen Schlegel se rendent souvent à Howards End, une belle demeure appartenant à Ruth Wilcox. Elles se déchirent presque à cause de leurs choix amoureux et de leurs visions de la vie. Mais quand une liaison mène à la tragédie, les sœurs se tournent à nouveau l'une vers l'autre en quête de réconfort. Cette étude de mœurs dans l'Angleterre édouardienne a inspiré un film à James Ivory, *Retour à Howards End*, en 1992.

« Aux yeux du monde extérieur, nous vieillissons tous.
Pas pour nos frères et sœurs. Nous nous voyons comme nous avons toujours été. Nous connaissons le cœur les uns des autres.
Nous partageons des blagues de famille que nous sommes seuls à comprendre. Nous nous souvenons des complots et des secrets, des joies et des chagrins. Nous vivons hors de portée du temps. »

CLARA ORTEGA

Et ta sœur !

Histoires vraies du monde pour le moins complexe des relations frères-sœurs…

❀•❀•❀•❀•❀•❀•❀•❀•❀•❀•❀•❀•❀•❀•❀•❀•❀•❀

CRUELLE DÉCEPTION

Quand la maman de Kevin, trois ans, lui annonça qu'il allait avoir une petite sœur, il fut tout excité.

Ravi, le gamin regarda s'arrondir le ventre maternel en pensant qu'il allait avoir une petite sœur avec laquelle il pourrait jouer au foot et aux pirates.

Quand arriva le jour de la naissance, il ne se tenait plus d'impatience. Il avait hâte de rencontrer sa nouvelle compagne de jeux.

En revenant de l'hôpital, papa et maman franchirent la porte, portant fièrement la petite Sally enroulée dans une couverture.

Kevin jeta un coup d'œil au paquet vagissant, fronça dédaigneusement le nez et déclara : « Vous pouvez rapporter cette chose en bourgeon là d'où elle vient ! »

> « Nos frères et nos sœurs sont là, avec nous, depuis l'aube de notre histoire personnelle jusqu'au crépuscule inévitable. »
> SUSAN SCARF MERRELL

CE QUI S'APPELLE RACONTER DES SALADES

Comme beaucoup de frères et sœurs, Martin mettait toujours tout sur le dos de sa petite sœur, alors qu'elle était encore bébé.

Il fut trahi par son penchant pour la sauce salade. Un jour qu'il en avait arrosé son déjeuner à un point ridicule, il décréta : « Ali est sortie de son berceau, elle a versé de la sauce dans mon assiette, elle est remontée dans son berceau et s'est rendormie. »

À l'époque, Ali avait quatorze mois.

JEUX INTERDITS

En tant qu'aînée des enfants, Barbara, neuf ans, savait qui d'Andrew, son frère de cinq ans, ou d'elle était le chef. Un jour, pour affirmer son autorité, elle lui donna un coup de pied dans le bas-ventre, et il fallut l'opérer.

L'explication de Barbara à ses parents consternés ? « Il a trébuché sur ma jambe et il est tombé sur mon pied. »

COMPLICES DE CRIME

Un soir, Charlotte se rendit compte, paniquée, qu'elle n'avait pas écrit le poème demandé pour un concours obligatoire d'écriture créative, et le chef-d'œuvre était demandé pour le lendemain même.

Remarquant son désespoir, son frère aîné, Rich, lui en demanda la raison. Quand elle la lui exposa, il gloussa et lui offrit la solution au problème.

« Fais comme moi, lui dit-il. Prends un des poèmes de papa – leur père était un poète à peu près inconnu, mais encensé par la critique – et dis que c'est toi qui l'as écrit. »

C'est ce que fit Charlotte, et le poème arriva quatrième du concours.

« Les frères et les sœurs sont aussi proches que les mains et les pieds. »
PROVERBE VIETNAMIEN

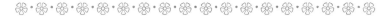

CATASTROPHE AU MENU

Ce samedi-là, Kirsty, seize ans, était tout excitée d'organiser son premier dîner auquel elle avait invité son petit ami et deux copains. Son père et sa mère étaient sortis, et le seul problème à l'horizon était qu'elle devrait s'occuper de sa sœur et son frère cadets. Elle avait réfléchi au menu et passé la journée à préparer trois plats dignes d'impressionner ses invités, dont une belle cocotte de porc au miel.

La situation étant sous contrôle, et tout à fait tranquillisée, Kirsty monta à l'étage pour prendre sa douche et s'habiller. Pendant qu'elle se pomponnait dans la salle de bains, son frère Neil rentra à la maison et trouva un mot de leur mère disant : « Le dîner est dans le four. » Ayant trouvé ce qu'il cherchait, il s'en régala de bon cœur.

Vingt minutes avant l'arrivée des invités, la petite sœur rentra à son tour à la maison et demanda à Neil ce qu'il y avait pour le dîner. « Du porc au miel, répondit-il avec un sourire comblé, mais j'ai presque tout mangé. »

À ce moment, un cri perçant se fit entendre à l'étage – un cri qu'on aurait pu entendre jusque dans le comté voisin.

OPÉRATION D'URGENCE

Les frères et sœurs sont toujours jaloux de ce qu'a l'autre. Quand à Noël le grand frère de Rachel, John, reçut un établi complet avec son étau, ses outils et ses vrilles miniatures, à côté, la poupée Barbie de celle-ci fit pâle figure.

Évidemment, John était impatient d'essayer son nouveau cadeau. Repérant l'obsession de Rachel, il la persuada que la

seule façon dont elle pourrait obtenir son propre établi était qu'ils unissent leurs efforts pour tirer le meilleur parti du sien. Et quel meilleur moyen d'y parvenir que de se livrer à une amputation de la jambe de sa poupée toute neuve ?

Rachel suivit son conseil et comprit, mais un peu tard et fort contrite, que non seulement elle n'aurait pas d'établi, mais encore que sa poupée était complètement ravagée.

> « Je ne crois pas que ce soit la naissance qui transforme les gens en frères ou sœurs. Cela fait d'eux des fratries, leur donne la communauté de la parenté. La fraternité est une condition qui se travaille. »
>
> MAYA ANGELOU

RECORD BATTU ?

Comme toutes les grandes sœurs, Susan avait le don de manipuler son petit frère. Quand elle voulait lui faire faire quelque chose, elle lui proposait de compter pendant qu'il s'efforçait de battre son précédent record.

« Tu peux aller au magasin me rapporter des bonbons et voir si tu arrives à battre ton record de cinquante-deux secondes ? » lui demandait-elle.

Et James y allait, aussi vite que le lui permettaient ses petites jambes, pendant que Susan restait collée devant la télé.

Elle cessait de compter dès qu'il sortait de la maison et ne reprenait le compte que lorsqu'elle l'entendait rentrer, mais cela, James dut attendre d'avoir quinze ans pour s'en rendre compte.

CRÉNEAU HORREUR

David avait promis à sa sœur cadette Lucy de lui apprendre à conduire, et il lui donna sa première leçon le jour de son dix-septième anniversaire.

Constatant qu'elle commençait à se débrouiller sur route, il entreprit de lui apprendre à faire un créneau. Ce qui fut une autre paire de manches. En quelques semaines, la voiture donnait l'impression d'avoir été attaquée par des vandales, tellement elle était cabossée.

Toujours avide d'encourager sa petite sœur, David baptisa ses tentatives maladroites de « créneau horriculaire » : quand les bruits de tôle cessaient, la voiture était garée…

ESPÈCES MENACÉES

Elizabeth, jeune citoyenne du Royaume-Uni, imagina un moyen astucieux d'augmenter son argent de poche en prenant en main l'éducation financière de son frère. Elle lui apprit à reconnaître les pièces et les billets et lui annonça avec aplomb : « S'il y a ton nom dessus, c'est à toi ; sinon, ce n'est pas à toi. »

Comme le nom de la reine Élisabeth II figurait sur toutes les coupures, ce stratagème enfantin condamnait son frère à remettre éternellement son argent à sa sœur Liz !

> « Les grandes sœurs sont les mauvaises herbes de la pelouse de la vie. »
> CHARLES M. SCHULZ

Brève « Sistory »

Depuis la nuit des temps, les sœurs façonnent le monde. Nous rendons hommage ici à quelques-unes des plus puissantes, influentes et remarquables, pour leur solidarité, leur esprit d'initiative, leur courage, parfois pour leurs coups de poignard dans le dos... mais surtout pour la marque qu'elles ont laissée.

LES SŒURS TRUNG

À Hô Chi Minh-Ville, au Vietnam, une statue glorifie deux femmes sabre au poing, juchées sur un éléphant : ce sont les légendaires sœurs Trung.

Trung Trac et Trung Nhi étaient les filles d'un général vietnamien qui les forma aux arts martiaux. À la campagne où elles grandirent, elles furent souvent témoin de l'oppression que subissaient leurs compatriotes de la part de l'occupant chinois (en l'an 2 av. J.-C., le Vietnam fut conquis par la Chine qui gouverna le pays pendant les deux siècles suivants), mais quand le mari de Trung Trac fut exécuté, elles virent rouge.

La veuve en colère et sa sœur entreprirent de lever une armée de guerrières pour renverser l'oppresseur. En quelques mois, elles avaient conquis soixante-cinq citadelles et libéré le Vietnam. Les sœurs Trung régnèrent conjointement pendant deux ans.

Et puis, en 43 av. J.-C., leurs ennemis parvinrent à mobiliser une gigantesque armée et reprirent le Vietnam. La légende veut que les soldats soient arrivés nus sur le champ de bataille et que, choquées par ce spectacle, les femmes se soient enfuies coudes au corps. Pressentant la défaite et soucieuses de protéger leur honneur, les sœurs Trung se suicidèrent en se jetant dans la rivière Hat Giang.

Ce sont des héroïnes toujours vénérées au Vietnam.

> « Avoir une sœur et être soi-même une sœur est un désir profond
> et primitif indépendant de la famille où l'on naît. C'est la soif
> de connaître et d'être connue de quelqu'un qui partage le même sang,
> la même chair, la même histoire et les mêmes rêves. »
>
> ELIZABETH FISHEL

ANNE ET MARY BOLEYN

La vie des deux sœurs, toutes deux maîtresses d'Henri VIII d'Angleterre, est le thème du film *Deux Sœurs pour un roi* (2008). Nul n'ignore qu'Anne a épousé le roi, mais c'est Mary qui fut sa première maîtresse, s'étant glissée dans son lit quand elle était dame de compagnie de la reine Catherine d'Aragon.

En 1522, Anne rejoignit sa sœur à la Cour et ne tarda pas à attirer l'œil du monarque. À l'inverse de Mary, Anne refusa les avances du roi au prétexte qu'il était marié. Cette habile stratégie eut des conséquences retentissantes : le roi rompit avec Rome, divorça de sa femme, fonda l'Église d'Angleterre et épousa son nouvel amour.

Le chemin des sœurs divergea jusqu'à se séparer définitivement quand Mary épousa un roturier. Anne fut exécutée en 1536.

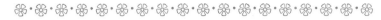

Paradoxalement, si le roi avait convolé avec Mary, l'Histoire aurait suivi un cours différent. Si l'on en croit les rumeurs de l'époque, elle fut la première à lui offrir ce qu'il désirait par-dessus tout : un fils.

CLÉOPÂTRE ET ARSINOÉ

Arsinoé était la plus jeune fille du roi d'Égypte Ptolémée XII et la demi-sœur de Cléopâtre. À la mort de son père en 51 av. J.-C., Cléopâtre aurait dû partager le trône avec son frère, un autre Ptolémée, mais celui-ci parvint à l'en déposséder avec la complicité d'Arsinoé.

Jusqu'à ce que Jules César envoie les légions romaines au secours de Cléopâtre. Ptolémée se noya dans sa fuite, et Cléopâtre reprit sa place sur le trône.

La tradition romaine voulait que les prisonniers de guerre soient étranglés après les célébrations de la victoire, mais Jules César épargna Arsinoé. Ce sursis fut de courte durée.

En 41 av. J.-C., Cléopâtre rencontra Marc Antoine, devint sa maîtresse et le convainquit de la débarrasser de celle qu'elle considérait comme sa plus grande ennemie, sa sœur. Et Arsinoé fut assassinée.

« La relation entre sœurs est très puissante. »
ROBIN MORGAN

MARIE Ire ET ÉLISABETH Ire

Les filles d'Henri VIII n'avaient en commun que leur père, et leur rivalité. Marie détestait Élisabeth depuis sa naissance.

En 1553, la catholique Marie fut couronnée reine d'Angleterre avant d'épouser dans la foulée le non moins catholique roi Philippe II d'Espagne. Ce mariage provoqua un soulèvement, la rébellion de Wyatt, qui visait à la chasser du trône.

La révolte fut écrasée, mais craignant d'autres complots, Marie fit brièvement emprisonner sa sœur à la Tour de Londres. Conjointement, elle expédia quelque deux cent quatre-vingts protestants sur le bûcher, gagnant au passage le surnom de « Reine sanglante ».

Les Espagnols réclamèrent la tête d'Élisabeth, mais le Parlement anglais refusa d'autoriser son exécution. En novembre 1558, Marie mourut sans laisser d'enfants, et la sœur qu'elle avait haïe toute sa vie devint l'un des monarques les plus populaires que l'Angleterre ait connus.

LES SŒURS CLAFLIN

La société d'aujourd'hui aurait très certainement salué l'énergie des entreprenantes sœurs Victoria et Tennessee Claflin. Mais à leur époque, au XIXe siècle, elles étaient aussi célèbres que détestées.

En 1870, Victoria et sa cadette de sept ans, Tennessee, devinrent les premières femmes agents de change à Wall Street quand elles créèrent Woodhull, Claflin & Co. (Woodhull étant le nom marital de Victoria, bien que celle-ci, à contre-courant des usages de l'époque, ait divorcé de son ivrogne et coureur de jupons de mari). Cette carrière leur valut d'être caricaturées en femmes d'affaires dévergondées quand le *New York Post* les qualifia de « sorcières affairistes ».

Les sœurs activistes investirent leurs bénéfices dans la création d'un journal polémique qui publiait des articles sur, entre autres, les droits des femmes, l'amour libre, l'éducation sexuelle, les jupes courtes, le spiritisme et même le végétarisme. Arrêtées puis emprisonnées, les sœurs furent finalement lavées des accusations d'obscénité portées contre elles.

Après Cady Stanton, Victoria Woodhull fut la deuxième femme à interpeller le Comité judiciaire de la Chambre des représentants, et en 1872, la première à se présenter à l'élection présidentielle américaine.

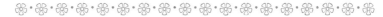

LES SŒURS PANKHURST

En 1903, Emmeline Pankhurst, aidée de ses deux filles aînées, Christabel et Sylvia, fonda l'Union féminine sociale et politique. Le mouvement des suffragettes était lancé. Très vite, la benjamine, Adela, les rejoignit.

Les sœurs mirent toute leur énergie à obtenir le droit de vote pour les femmes. À ce titre, elles furent arrêtées et emprisonnées plusieurs fois. Malgré leur dévotion commune à ce combat, les trois sœurs s'affrontèrent souvent, jusqu'à la rupture finale qui les vit s'installer sur des continents différents.

Christabel et Sylvia avaient des points de vue divergents sur la façon de mener la campagne – avec agressivité ou pacifiquement – ainsi que sur les femmes qu'elle concernerait – toutes les femmes, ou quelques privilégiées.

Adela, quant à elle, quitta le navire après quelques séjours en prison qui la laissèrent éreintée.

L'éducation politisée des trois sœurs en avait fait des femmes passionnées et des membres influents de la société. Malheureusement, cela s'assortit de luttes amères qui déchirèrent leur famille. Preuve en est que discuter politique aux repas dominicaux est toujours une très mauvaise idée !

> « Deux scorpions partageant le même trou s'entendront mieux
> que deux sœurs vivant sous le même toit. »
>
> PROVERBE ARABE

LA BONNE SŒUR

« Derrière chaque grand homme se cache une femme », dit l'adage. Dans le cas des frères Wright, la femme en question était leur petite sœur, Katherine. Totalement dévouée à Wilbur et Orville, elle finança les essais de pilotage des garçons et géra brillamment leurs affaires.

En 1909, Katherine rejoignit ses frères en France où elle acquit sa propre notoriété. Elle persuada les rois d'Espagne et d'Angleterre ainsi que le président français d'assister à la démonstration aérienne de Wilbur. Pour les convaincre de la sûreté de l'exercice, elle vola aux côtés de ses frères. Elle fut décorée de la Légion d'honneur, récompense rarissime pour une femme, surtout au début des années 1900.

L'Histoire a totalement oublié cette femme fascinante. Mais parions que sans elle, les frères Wright n'auraient jamais quitté le sol.

Le 17 décembre 1903, Orville Wright réussit à voler pendant douze secondes à trente-six mètres d'altitude, le premier vol effectué dans un engin plus lourd que l'air.

Cette nuit-là, Katherine reçut le télégramme suivant : « Quatre vols réussis jeudi matin… Préviens la presse. Serai là pour Noël. Orville. »

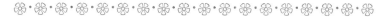

LES SŒURS MITFORD

Nées entre 1904 et 1920, les six aristocratiques sœurs Mitford étaient célèbres dans la société anglaise pour leur style de vie élégant et glamour et leurs positions politiques controversées allant du communisme au fascisme les plus enragés.

Les voici, par ordre d'entrée en scène :

Nancy – La plus âgée et la plus connue des six, elle fut l'auteure de plusieurs romans à succès, dont *La Poursuite de l'amour* (1945) et *L'Amour dans un climat froid* (1949).

Pamela – Brièvement mariée au brillant scientifique Derek Jackson, elle eut de prestigieux soupirants dont le poète John Betjeman. Tout cela en partageant la vie de la cavalière italienne Giuditta Tommasi.

Diana – Peut-être la plus célèbre de la fratrie. D'abord maîtresse puis épouse du leader fasciste Oswald Mosley, elle participa, avec sa plus jeune sœur Unity, aux congrès de Nuremberg avec Hitler dont elle devint l'amie.

Elle ne renia jamais ses opinions politiques, cause de frictions fréquentes avec Nancy et Jessica, qui les méprisaient.

> « Entre sœurs, on connaît ses failles, ses vertus, ses erreurs, ses mortifications, ses triomphes, ses rivalités, ses désirs, et qui lâchera la barre du portique la première. On nous a élevées dans le même corral, avec les mêmes règles et les mêmes codes tribaux. »
>
> ROSE MACAULAY

Unity – Quand la famille déshérita Diana à cause de sa scandaleuse relation amoureuse avec Mosley, la troisième de la nichée, Unity, se rebella et prit fait et cause pour sa grande sœur.

Sympathisante nazie, elle partit en 1943 pour l'Allemagne, bien décidée à y rencontrer Hitler. Pendant dix mois, elle s'attabla tous les jours dans le restaurant favori du Führer jusqu'à ce qu'il finisse par l'inviter à le rejoindre. Elle était pour lui, disait-il, « le parfait spécimen de la féminité aryenne ». En retour, elle le qualifiait de « plus grand homme sur Terre ».

Accessoirement, son deuxième prénom était Valkirie, le nom de code de la célèbre opération visant à assassiner Hitler.

Jessica – En 1937, à l'âge de dix-neuf ans, Jessica partit rejoindre les rangs des républicains espagnols avec celui qu'elle allait épouser, Esmond Romilly, un neveu de Winston Churchill. En 1941, Esmond fut abattu par les Allemands. C'est Winston Churchill lui-même qui annonça la nouvelle à sa veuve, mais pendant des années, elle refusa de croire à sa mort.

Installée aux États-Unis, elle fut membre du parti communiste américain jusqu'en 1958 et écrivit de nombreux livres.

Deborah – Elle était la benjamine du clan, et sans doute la plus conformiste. Elle épousa Andrew Cavendish en 1941 et devint duchesse du Devonshire lorsqu'il hérita du titre familial en 1950.

Avec son défunt mari, elle réussit à faire de Chatsworth House dans le Derbyshire l'un des manoirs les plus visités du Royaume-Uni. Les lieux ont servi de décors à Pemberley, la somptueuse demeure de Mr. Darcy, dans le film *Orgueil et Préjugés* (2005).

Les étapes de la franginitude

Grandir auprès d'une sœur crée un lien unique et perpétuel. Mais cette intimité, si naturelle quand on est enfant, doit être cultivée tout au long de la vie et demande plus d'effort au fur et à mesure que l'on prend son indépendance, que l'on s'éloigne de sa famille et de ses parents.

Chaque étape importante de la vie vous éloignera l'une de l'autre. Les études, le boulot, les déménagements, le mariage et les enfants accaparent un temps précieux et risquent de mettre des kilomètres entre vous. Même si vous avez pris des chemins différents, continuez de prodiguer vos encouragements et votre soutien à votre sœur et réaffirmez-lui votre amour indéfectible.

« Au sein d'une famille, la relation sororale est particulièrement compétitive. Mais plus tard dans la vie, aucun lien n'est plus fort. »

MARGARET MEAD

LES ANNÉES FAC

Il est probable que votre sœur ou vous-même déciderez de faire des études supérieures, et ce sera un grand pas pour vous deux. Ce sera la première fois que l'ado quittera le cocon familial et qu'elle devra se débrouiller seule, sans l'aide de papa et maman (et de la fratrie adorée, évidemment).

LA RASSURER

Elle a réussi son concours d'entrée dans une école, elle est heureuse, on a fêté son succès, mais maintenant, elle s'inquiète. Écoutez ses craintes et tentez de la rassurer en lui donnant quelques conseils avisés. Assurez-lui qu'elle pourra vous téléphoner dès qu'elle aura besoin de parler, surtout si c'est pour évoquer des sujets qu'elle n'aborderait pas avec papa et maman.

LA PRÉPARER

Recommandez-lui de dresser longtemps à l'avance la liste de tout ce qu'il faudra qu'elle emporte et vérifiez qu'elle n'a rien oublié. Dans le cas contraire, ce sera un bon prétexte pour aller se faire une virée shopping entre filles.

Avant son déménagement, aidez-la à trouver sur Internet les endroits branchés, les bistrots et les cafés de son futur lieu de résidence. Elle verra que vous vous intéressez à sa nouvelle vie, et ça l'aidera à muer son angoisse en enthousiasme.

L'INSTALLER

Les premières semaines seront difficiles : elle devra s'acclimater à un nouvel environnement et se faire des amis.

Trouvez du temps pour l'aider à s'installer, et, si elle le demande, allez la voir les premiers week-ends. Même si sa famille lui manque, elle ne se résoudra pas forcément à appeler papa et maman pour qu'ils viennent lui tenir la main.

Elle voudra leur montrer qu'elle peut se débrouiller seule, mais elle sera heureuse de pouvoir s'en ouvrir à vous et vous dire ce qu'elle ressent vraiment. De toute façon, une sœur, c'est beaucoup plus cool que les parents – franchement, qui voudrait traîner les siens dans un bistrot cheap pour étudiants ?

AU FIL DU TEMPS

Petit à petit, elle trouvera ses marques et vous appellera sûrement moins. N'allez pas en déduire qu'elle a moins besoin de vous. Appelez-la ou envoyez-lui des textos régulièrement pour prendre de ses nouvelles et lui en donner ou, mieux encore, envoyez-lui une lettre rigolote bourrée d'anecdotes et de ragots.

Faites l'effort de rencontrer ses nouveaux copains et vous passerez toutes les deux un très bon week-end.

Souvenez-vous aussi que les études supérieures font naître de nouvelles passions et révèlent des talents cachés. Aussi, montrez un intérêt sincère pour ce qu'elle étudie. Même si elle radote pendant des heures sur son dernier cours ou son super prof, réprimez vos bâillements.

DES CADEAUX PRATIQUES

Les étudiants ont tous un point commun : ils sont fauchés. Pour Noël ou pour son anniversaire, trouvez-lui un cadeau qui soulagera son budget, même si c'est un cahier tout bête ou de nouvelles chaussettes. Un panier rempli de produits de toilette genre savon, shampoing, après-shampoing et autres accessoires de maquillage lui fera réaliser de substantielles économies.

Si vous êtes blindée ou que vous avez réussi à soutirer de l'argent à maman, remplissez son réfrigérateur. Les étudiants sont *toujours* très sensibles à cette attention.

Pour lui faire vraiment plaisir quand vous allez la voir, apportez-lui le plat préféré de la famille : ça la changera de la sempiternelle boîte de thon, mets de prédilection des étudiants fauchés, et ça lui rappellera délicieusement la maison.

DÉBUT DE CARRIÈRE

Après les études, le premier emploi est une étape cruciale pour vous deux. Si vous êtes son aînée, votre expérience professionnelle lui sera très précieuse. Et si vous êtes sa cadette, vous pourrez l'aider à préparer ses entretiens d'embauche.

SAVOIR SE VENDRE

Aidez votre sœur à rédiger un super CV et une belle lettre de motivation et guettez les annonces qui pourraient correspondre au poste qu'elle recherche.

Apprenez-lui à se vendre. S'il est difficile d'identifier soi-même ses qualités, vous, sa sœur, connaissez les siennes par cœur. Dressez avec elle la liste des compétences et des traits de caractère qu'elle devrait mettre en avant dans son CV. Montrez-lui comment les vendre à son éventuel futur patron.

PREMIÈRES IMPRESSIONS

Si elle attire l'attention d'un employeur, aidez-la à parfaire sa technique d'entretien. Organisez de faux rendez-vous et posez-lui une tonne de questions pour qu'elle puisse peaufiner ses réponses. Tendez-lui quelques « pièges » : mieux vaut perdre pied devant sa sœur que devant un patron potentiel.

Dressez-lui une liste de choses « à faire » et « à ne pas faire ». En voici quelques exemples :

À faire :

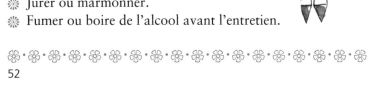

* Soigner sa tenue, même pour un emploi subalterne.
* Frapper avant d'entrer dans le bureau.
* Regarder droit dans les yeux la ou les personne(s) qui font passer l'entretien.
* Donner des réponses complètes et intelligibles, les développer quand c'est possible.
* Se munir d'un carnet et d'un stylo, au cas où il faudrait prendre des notes.

À ne pas faire :

* Mâcher du chewing-gum.
* Se vautrer.
* Se présenter en jean ou en jogging.
* Jurer ou marmonner.
* Fumer ou boire de l'alcool avant l'entretien.

❀ · ❀ · ❀ · ❀ · ❀ · ❀ · ❀ · ❀ · ❀ · ❀ · ❀ · ❀ · ❀ · ❀ · ❀ · ❀ · ❀ · ❀

LE BON LOOK

Elle n'a peut-être pas de quoi s'habiller correctement pour un premier entretien. Avant le grand jour, emmenez-la faire du shopping et aidez-la à choisir ses vêtements. Si l'argent est un problème, prêtez-lui une de vos tenues de boulot ou créez-en une en combinant les affaires de son placard et du vôtre.

Faites-lui une manucure. Même très courts, des ongles impeccables valent mieux que des ongles massacrés et rongés. Un employeur en puissance repère très vite les moindres détails. De jolies chaussures bien cirées s'imposent de la même manière.

Conseillez-la sur son maquillage et les accessoires qu'elle portera, en particulier les piercings. Le look gothique fait sûrement merveille pour siffler une bière au bistrot du coin, mais passera moins bien si elle est candidate à un poste de fondé de pouvoir dans une banque.

ENCOURAGEZ-LA ET RÉJOUISSEZ-VOUS

Quel que soit son choix de carrière, encouragez-la, même si vous n'êtes pas d'accord avec le chemin qu'elle veut prendre. Il serait parfaitement normal de lui indiquer une voie qui vous semblerait mieux lui convenir, mais ne lui dictez pas ce qu'elle doit faire de sa vie. Si elle a un super diplôme de juriste, mais qu'elle décide de peindre des couchers de soleil plutôt que de devenir avocate, ça la regarde.

Si son orientation de carrière l'amène à partir loin de la maison, voire dans un pays étranger, ne laissez pas vos sentiments interférer avec sa décision. Les voyages sont bien plus accessibles, aujourd'hui, dites-vous donc que sa nouvelle maison sera une destination idéale pour y passer des week-ends.

❀ · ❀ · ❀ · ❀ · ❀ · ❀ · ❀ · ❀ · ❀ · ❀ · ❀ · ❀ · ❀ · ❀ · ❀ · ❀ · ❀ · ❀

L'ARGENT, TOUJOURS L'ARGENT...

Inévitablement, l'une de vous deux travaillera quand l'autre sera encore étudiante. Ou si vous avez toutes deux un emploi, il y a peu de chance que vos salaires soient au même niveau.

Dans ce cas, faites preuve de tact. Si elle ne peut pas se permettre d'aller faire la bringue dans la dernière boîte à la mode, proposez une soirée pop-corn et DVD. Au lieu d'aller dans un restau chic, emmenez-la boire un verre ou achetez des plats à emporter. Offrez-lui le cinéma de temps en temps.

Étant de la même famille, vous avez donc le droit de lui donner un peu d'argent ou de lui faire des petits cadeaux. On accepte plus facilement la générosité d'une sœur que celle d'un ami.

LES DEVOIRS D'UNE DEMOISELLE D'HONNEUR

Quand votre sœur vous annonce qu'elle va se marier, la première chose à faire est de sabler le champagne.

Mais après les bulles, au boulot ! Elle vous choisira sûrement comme demoiselle d'honneur en chef et vous serez fortement impliquée dans l'organisation du grand événement.

En tant que sœur, vous occupez une position privilégiée, c'est-à-dire assez proche de la future mariée pour peser sur les décisions – s'assurer que sa robe ne sera pas horrible, par exemple. Et si elle vous choisit aussi comme témoin, c'est à vous qu'incombera l'organisation de l'enterrement de sa vie de jeune fille.

Si c'est votre frère qui se passe la corde au cou, félicitations. Les hommes excellent à se décharger de l'organisation sur leur promise, on vous demandera donc le minimum.

MORDEZ-VOUS LA LANGUE

Dès qu'il s'agit du mariage, tact et diplomatie ne sont pas négociables. Cela va de ce que vous pensez *vraiment* du futur époux à la couleur du bouquet de la mariée.

Pour votre sœur, votre avis compte réellement. Vous aurez donc du mal à éviter les questions directes. Réfléchissez avant de répondre, c'est une règle d'or.

La future mariée aura tous les jours des flopées de décisions à prendre. Donc, même si vous pensez que le menu du mariage est abominable ou si vous trouvez assez moyenne son idée de se faire parachuter en robe de mariée dans le jardin de l'église, taisez-vous. C'est son grand jour, et ses désirs sont des ordres.

CHOISIR VOTRE ROBE

Si vous avez le privilège d'être demoiselle d'honneur, vous pouvez donner votre avis sur le choix de votre robe. Mais c'est à elle qu'appartient le mot de la fin, même si vous pensez secrètement que, le jour J, vous allez ressembler à un flan.

De toute façon, elle est censée connaître vos goûts. Si son choix se porte sur une couleur qui ne vous irait pas, il est de bonne guerre d'essayer de l'en détourner, mais évitez d'attaquer frontalement ses talents de styliste.

Truc top : Ne dites *jamais* de mal de votre futur beau-frère. Oubliez ce que vous en avez dit dans le passé, c'est lui que votre sœur a choisi, vous devez respecter sa volonté.

Si vous avez de sérieux doutes sur leur couple, ou si vous savez quelque chose sur lui qui pourrait la faire changer d'avis, réfléchissez bien aux conséquences de votre franchise. Si vous pensez malgré tout que c'est votre devoir, exprimez-vous avec doigté et soyez aussi diplomate que possible ; si elle veut l'épouser quand même, taisez-vous à jamais.

NEUTRALITÉ BIENVEILLANTE

L'organisation d'un mariage est une cause majeure de tension entre enfants et parents. Vos parents, à n'en pas douter, seront fous de joie à l'annonce du mariage, mais le chemin qui mène au grand jour est stressant pour tout le monde, et quand les factures commencent à s'empiler, les caractères s'enflamment.

La liste des invités est en général la pierre d'achoppement principale. Préparez-vous à des querelles du type : pourquoi faudrait-il inviter tatie Betty, alors que le cousin Jacob est *persona non grata* depuis l'enterrement de tonton Bernie où il a eu un comportement inexcusable ?

❀·❀·❀·❀·❀·❀·❀·❀·❀·❀·❀·❀·❀·❀·❀·❀·❀·❀

Ne vous en mêlez pas. Si votre mère et votre sœur se sautent à la figure dès qu'elles évoquent la couleur des nappes et des faire-part – crème ou ivoire, et *oui*, il y a une différence qui justifie la controverse –, marche arrière toute, quittez la pièce et gardez votre thèse pour vous. Quelle qu'elle soit, vous allez froisser quelqu'un.

TRADITIONS FAMILIALES

Si elle n'y a pas déjà pensé, proposez à votre sœur de lui fournir un des objets que demande la coutume : « Quelque chose de vieux, quelque chose de neuf, quelque chose de prêté, quelque chose de bleu ». Un collier, un bracelet, voire un pauvre chouchou, une chose à vous devrait l'accompagner vers l'autel.

ENTERREMENT DE PREMIÈRE CLASSE D'UNE VIE DE JEUNE FILLE

Il vous incombera probablement d'organiser un enterrement de vie de jeune fille inoubliable. Au premier abord, ça paraît amusant, mais c'est une très grande responsabilité et la garantie d'une cascade de migraines qui n'ont rien à voir avec une gueule de bois.

Étape une

En premier lieu, il faut diviser la liste des invitées en trois catégories : celles qui doivent être là, les « pourquoi pas », et les invitées par politesse.

Celles qui doivent être là sont les amies dont elle ne saurait se passer en ce grand soir. Trouvez une date qui convienne à toutes, aussi près du mariage que possible, mais surtout pas la veille (un teint verdâtre tend à jurer avec une robe de mariée). Les deux autres catégories d'invitées, celles dont l'absence ne serait pas un drame et celles que votre sœur s'est sentie obligée de convier, recevront leur invitation une fois que vous aurez réglé tous les détails.

❀·❀·❀·❀·❀·❀·❀·❀·❀·❀·❀·❀·❀·❀·❀·❀·❀·❀

Étape deux

Choisissez l'endroit de la fête et le thème s'il y en a un. Souvent, les futures mariées préfèrent un week-end complet à une soirée en boîte. Songez cependant que cela peut être un repoussoir financier pour certaines invitées.

S'il y a un thème, faites savoir que toutes doivent le respecter.

S'il n'y en a pas, les tee-shirts à message du genre « Navrée les gars, je me marie » ou « Embrassez-moi, je suis la mariée » ont pas mal de succès, mais assurez-vous que ça plaira à votre sœur.

Voici quelques idées pour la soirée :

- Jouez les touristes : visitez une grande ville ou un site magnifique et prenez-en plein la vue.
- Jouez les stars pour la journée : enregistrez un CD ou réalisez un clip vidéo.
- Prenez un cours collectif : danse burlesque, fabrication de cocktails, il y a le choix.

Quoi que vous choisissiez, gardez en tête que c'est elle qui compte, pas vous. Par exemple, si la vue d'un stripteaseur la tétanise, elle risque de ne pas apprécier qu'un Tarzan à moitié nu l'empoigne et la jette sur son épaule huileuse.

Étape trois

Faites en sorte que la soirée ne vous ruine pas – gérez les dépenses et assurez-vous que la mariée n'a à se soucier de rien.

La meilleure façon de s'y prendre est d'indiquer au préalable combien la soirée coûtera afin que les invitées ne se sentent pas obligées de venir si elles ne peuvent se le permettre. Demandez-leur leur contribution à l'avance pour que vous n'ayez pas à courir après tout le monde le jour de la fête – voire après le mariage.

> « Quoi que vous fassiez, elles vous aimeront. Même si elles
> ne vous aiment pas, vous êtes liées jusqu'à la mort. Avec une sœur,
> on peut être ennuyeux ou barbant, avec des amis en revanche,
> il faut toujours se montrer sous son meilleur jour. »
> DEBORAH MOGGACH

Étape quatre

La règle ultime de l'enterrement de vie de jeune fille, c'est votre silence : ce qui se passe cette nuit-là doit rester entre vous. C'est sa dernière bouffée de liberté, et même si la mariée danse le french cancan devant l'équipe locale de rugby, le futur marié n'a pas besoin de le savoir.

Plus important encore, souvenez-vous tout le long de la soirée que vous êtes aux commandes et que vous devez vous assurer que la mariée est à la fois heureuse et en sécurité. Elle ne doit en aucun cas être livrée à elle-même, et si la fête dégénère un peu, vous devez rester raisonnablement sobre et agir en personne responsable (bâillement).

LE GRAND JOUR

Le jour du mariage, vos parents seront aussi nerveux que votre sœur. On compte donc sur vous pour apporter un peu de sérénité à l'événement. Dès son saut du lit, occupez-vous de la mariée et mettez-vous à sa disposition pour régler les catastrophes de dernière minute.

Pendant les longues heures où elle se fera belle, vous entendrez sûrement des cris de panique du genre : « J'ai oublié mes épingles à cheveux », ou « J'ai besoin d'un thé ». Elle vous rendra peut-être folle, mais vous pourrez toujours vous venger quand ce sera à votre tour de vous marier.

« [Le jour de son mariage] Lydia était égale à elle-même : indomptée, imperturbable, sauvage, bruyante, intrépide. Elle alla d'une sœur à l'autre réclamer leur bénédiction. »

JANE AUSTEN, *ORGUEIL ET PRÉJUGÉS*

UN MOT D'AVERTISSEMENT

Sauf à être son témoin de mariage, vous n'êtes pas tenue de faire un discours, donc, détendez-vous et profitez de la fête. Mais allez-y mollo sur les bulles, vous ne voudriez pas qu'on vous reparle toute votre vie de votre comportement à la noce.

Truc top : Ayez un petit kit de survie dans votre sac : du fil et une aiguille, une lime à ongles, du rouge à lèvres, des lingettes, des mouchoirs, de l'aspirine, un paquet de bonbons à la menthe. Ça devrait résoudre les situations de crise que pourrait avoir à affronter la mariée.

DEVENIR TANTE

Après la naissance de ses propres enfants, l'arrivée d'un neveu ou d'une nièce est la plus belle chose qui puisse vous tomber dessus. Si c'est le premier bébé de la famille, ce sera l'occasion pour vous de le gâter, de craquer sur toutes ces adorables petites affaires de nouveau-né et de gâtifier pendant des heures devant la nouvelle merveille de la maison.

Pour celles qui ont déjà des enfants, c'est l'occasion d'offrir des conseils, de l'aide, du réconfort aux nouveaux parents, et accessoirement de proposer vos services de baby-sitter.

C'est pour votre frère ou votre sœur le plus grand chamboulement de sa vie, et vous l'aiderez en étant la meilleure tatie du monde.

> « J'ai hâte d'être tante. C'est bouleversant que ma petite sœur devienne maman. J'ai hâte de poser la main sur les petites fesses joufflues du bébé, je vais le pourrir-gâter, comme toutes les tantes. »
>
> KYLIE MINOGUE

UN CADEAU BIEN PENSÉ

La première chose qui vous viendra à l'esprit sera d'acheter un cadeau pour le nouveau petit membre de la famille. Qui n'y songerait ? Mais avant de foncer, réfléchissez bien. L'ours en peluche géant qui trône dans la boutique du coin est certes irrésistible, mais votre sœur préférerait peut-être quelque chose de plus pratique.

Vêtements

Les vêtements sont une bonne idée, à condition de bien les choisir. Évitez de craquer pour des barboteuses taille nouveau-né sauf si le bébé est minuscule ou prématuré. La plupart d'entre eux ne rentreront pas dans ces vêtements, quant aux autres, quinze jours plus tard, ils les feront exploser.

Les jeunes parents vont recevoir un tas d'habits de ce type, visez donc une taille au-dessus, comme 3-6 mois ou 6-9 mois, en faisant bien attention à la saison – un manteau épais qui n'ira au bébé qu'au mois de juillet, par exemple, est une mauvaise idée. Vous devrez patienter avant de voir le bébé dans la tenue que vous avez offerte, mais quand il aura bien grandi, les parents ne seront que trop contents d'avoir un stock de vêtements à sa taille.

Jouets

Les jouets éducatifs paraissent un mauvais choix alors que le nourrisson vient juste de faire son entrée dans le monde, mais en quelques semaines à peine, il aura envie d'attraper, de toucher quelque chose ou de sonner une cloche pour produire un son.

Un tapis d'éveil est une excellente idée, mais il existe des milliers d'autres produits pour stimuler les petits génies en herbe.

Objets utiles

Si votre sœur ou votre belle-sœur a un budget serré, pourquoi ne pas lui offrir un panier d'accessoires utiles à toute la famille : baignoire pour bébé, couches, lingettes, couvertures ?

Ajoutez-y des petits cadeaux ou une boîte de chocolats pour la maman, elle sera très touchée que vous ayez aussi pensé à elle.

CADEAUX POUR LES PLUS GRANDS

Votre neveu ou votre nièce grandit : évitez d'offrir un de ces jouets en plastique hors de prix qui arrivent sur le marché en rangs serrés. Soit on met des heures à monter le hangar à avions, soit ils coûtent plus cher en piles que leur prix d'achat. Évitez-les donc comme la peste.

Faites aussi l'impasse sur les jouets sonores, comme les déformateurs de voix ou les tambours. On trouve charmant qu'ils dominent les conversations le soir de Noël, mais quand on vit avec plus d'une semaine, on frise la dépression nerveuse.

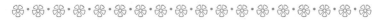

CONSEILS À LA VOLÉE

Votre mère et les beaux-parents vont sans aucun doute bombarder la jeune mère de conseils, mais si vous êtes vous-même maman, votre sœur ou belle-sœur pourrait bien solliciter aussi votre avis sur certains points. Les soins à donner aux petits ou les préceptes pédagogiques ont beaucoup changé depuis l'époque de vos parents, et vous serez sans doute mieux à même d'offrir des recommandations actualisées.

Distribuez tout de même vos conseils avec parcimonie. Les jeunes mères stressées peuvent se passer d'entendre à longueur de journée : « Moi, à ta place, je ferais ça. » À leurs oreilles, ça ne sonne pas comme un soutien, mais comme une critique.

TEMPS PARTAGÉ

Vous pensez avoir une vie si remplie qu'elle laisse peu de place aux loisirs. Mais si vous n'avez pas d'enfants, vous avez plus de temps libre que vous ne l'imaginez. Consacrez-en à votre sœur. L'arrivée de Junior a chamboulé sa vie, et il lui faudra un peu de temps pour s'adapter. Elle va sûrement manquer cruellement de sommeil, et n'aura peut-être plus du tout de temps pour elle.

Deux mains de secours

Il est naturel de se sentir un peu délaissée à cause de l'arrivée du bébé, mais si vous voulez voir votre sœur, donnez-lui un coup de main. Proposez-lui d'emmener votre neveu ou votre nièce au parc, ne serait-ce qu'une petite heure, pour qu'elle puisse dormir un peu ou s'offrir un bon bain relaxant. C'est le meilleur cadeau qu'une jeune mère puisse recevoir.

Elle ne va pas reprendre une vie sociale tout de suite, débarquez donc chez elle avec un succulent déjeuner pour vous deux ou emmenez-la au bistrot du coin pour partager un morceau.

Tantes longue distance

Si vous habitez trop loin pour l'aider régulièrement, invitez-vous chez elle le temps d'un week-end pour vous rattraper. Mais ne vous imposez pas. Elle vient d'avoir un bébé, elle a peut-être déjà la tête sous l'eau, donc une personne de plus sous son toit pourrait aggraver la situation.

Si elle vous invite, dites-lui que vous ne vous attendez pas à trouver la maison étincelante de propreté et que vous serez au contraire ravie de l'aider à mettre un peu d'ordre.

Déjeuner en ville

Si vous avez toutes les deux des enfants, organisez des goûters hebdomadaires. Comme ça, vous pourrez papoter en vous occupant ensemble des petits. Par ailleurs, beaucoup d'endroits proposent des aires de jeux pour les enfants où vous pourrez bavarder devant un cappuccino ou un sandwich pendant que les petits s'amusent comme des fous.

Baby-sitting

Quand elle a bien pris le rythme, proposez-lui de garder les enfants pendant qu'elle sort dîner avec son compagnon, ou organisez une virée entre filles pendant qu'une baby-sitter s'occupe du bébé. Ces soirées filles n'arriveront pas aussi souvent qu'avant, mais justement, elles n'en seront que meilleures.

> « C'est sur les frères et sœurs qu'on s'entraîne, ce sont eux qui nous apprennent la justice et la coopération, la gentillesse et la sollicitude – souvent à la dure. »
> PAMELA DUGDALE

❀·❀·❀·❀·❀·❀·❀·❀·❀·❀·❀·❀·❀·❀·❀·❀·❀·❀

LA RUPTURE

Qu'il s'agisse d'une brève histoire d'amour ou d'un mariage au long cours, quand il y a rupture, la sœur vient à la rescousse.

Le rôle paraît simple : offrir son épaule pour pleurer tout en émettant les petits bruits réconfortants de rigueur – mais il existe aussi quelques règles d'or qu'il faut avoir à l'esprit quand une sœur au cœur brisé vient chercher consolation.

❀·❀·❀·❀·❀·❀·❀·❀·❀·❀·❀·❀·❀·❀·❀·❀·❀·❀

« Il n'y a pas de meilleur baume au cœur que les bras d'une sœur. »
ALICE WALKER

LAISSEZ TOUT EN PLAN

Ne bottez pas en touche quand votre sœur vous appelle à l'aide. Vous aviez peut-être prévu un petit dîner en amoureux ce soir-là, mais ça attendra. Personne ne vous demandera d'interrompre un séjour de quinze jours à La Barbade et de rentrer ventre à terre, mais si vos plans sont reportables, soyez admirable et venez à son secours. Vous serez peut-être contente qu'elle fasse la même chose pour vous un jour.

NE DITES JAMAIS : « JE TE L'AVAIS BIEN DIT. »

Quand le monde s'est écroulé sous ses pieds, la dernière chose qu'elle a envie d'entendre c'est un « Je te le disais depuis le début » triomphal qui ne ferait qu'ajouter à sa tristesse et à son humiliation.

NE LE DESCENDEZ PAS EN FLAMMES

Même si son jules s'est comporté comme un rat avec elle, retenez-vous de le descendre en flammes. Verbalisez votre colère sur la façon dont il l'a traitée, mais ne vous lancez pas dans l'énumération de ses défauts dans le genre « Et puis, il y a ça, aussi... ».

Souvenez-vous que le cœur des hommes est changeant. Son amoureux lui sera peut-être revenu dans la semaine, elle lui aura pardonné, et elle s'empressera de lui répéter toutes les horreurs que vous aurez dites sur lui.

LAISSEZ-LUI LE TEMPS

La rupture proprement dite est une chose, et vous serez là pour la soutenir. Mais n'espérez pas qu'elle retombe sur ses pieds en deux temps trois mouvements.

Elle va continuer de se lamenter sur son amour perdu bien après que tout le monde – famille et amis – se sera lassé de l'écouter. Enfin, vous pourrez toujours l'aider en la laissant se répandre autant qu'elle voudra, même six mois plus tard. Plus elle exprimera son chagrin, plus vite elle reprendra le cours de sa vie.

Perdues de vue

Il arrive malheureusement que des sœurs soient séparées de leur fratrie : par la géographie ou le passage du temps, par l'adoption ou les brouilles familiales.

On peut le comprendre, les fratries aspirent à se reconstituer. Pour ces familles-là, les retrouvailles se feront peut-être attendre, mais elles en seront d'autant plus merveilleuses.

RETROUVAILLES AUTOUR D'UN CAFÉ

Après avoir été séparées pendant quarante longues années, deux sœurs se sont retrouvées grâce à une tasse de café.

Ho Mei-Yun et Fang Chuang étaient deux sœurs d'une fratrie de treize, que leurs parents avaient abandonnées dans l'espoir qu'elles aient une vie meilleure. Plus tard, Ho découvrit la vérité et tissa des liens étroits avec sa famille biologique. Fang, quant à elle, n'avait aucune idée de l'identité de ses parents biologiques.

Par une étrange coïncidence, les deux filles trouvèrent un emploi dans la même compagnie d'assurances, Cathay Life. En 2008, elles partirent ensemble à Los Angeles pour une conférence. Pendant le voyage, Ho s'acheta un maxi-café et proposa de le partager avec Fang et une autre collègue. Elles se mirent à papoter et le sujet de leur âge arriva très vite sur le tapis. Elles

❀ · ❀ · ❀ · ❀ · ❀ · ❀ · ❀ · ❀ · ❀ · ❀ · ❀ · ❀ · ❀ · ❀ · ❀ · ❀ · ❀ · ❀

se rendirent compte que ni Ho ni Fang ne connaissaient le leur avec certitude puisqu'elles avaient toutes deux été adoptées. Elles comparèrent leur histoire et commencèrent à ressentir une connexion que leur collègue perçut, elle aussi.

« Et si vous étiez des sœurs séparées ? » demanda-t-elle.

Ça paraissait fou, mais les sœurs se dirent que c'était tout à fait possible. Dès l'atterrissage à Los Angeles, Ho téléphona à sa sœur aînée, à Taïwan. La conversation dura un long moment, à la suite de quoi, elles conclurent que Fang était en effet « la sœur n° 8 ».

Ho annonça la bonne nouvelle à Fang et les deux sœurs fraîchement réunies fondirent en larmes et tombèrent dans les bras l'une de l'autre dans le hall de l'aéroport californien, entourées de leurs collègues qui applaudissaient. Au fait, le sujet de la conférence miraculeuse était... « Changer de vie ».

LA MAGIE D'INTERNET

C'est une compagnie Internet qui fut à l'origine des retrouvailles de Wendi Fitton et Christine Heathcore, en 2009.

Les deux sœurs avaient été séparées à la mort de leur mère Dorothy, quarante-deux ans plus tôt. À cette époque, Christine, douze ans, était partie vivre chez une tante à Blackpool tandis que Wendi, trois ans à peine, était restée auprès de son père Fred, à Bolton. Une fois adultes, elles avaient tenté de reprendre contact, mais sans succès. Puis une agence de recherche vint à leur secours : Christine fut retrouvée par les listes électorales.

❀ · ❀ · ❀ · ❀ · ❀ · ❀ · ❀ · ❀ · ❀ · ❀ · ❀ · ❀ · ❀ · ❀ · ❀ · ❀ · ❀ · ❀

Les émouvantes retrouvailles des deux sœurs se firent autour d'une coupe de champagne dans un pub près de Preston dans le Lancashire.

« Quand je suis entrée, j'ai tout de suite su que c'était Christine, dit Wendi plus tard. Elle ressemblait à notre mère – les mêmes yeux, les mêmes pommettes. La retrouver a été le plus beau cadeau de Noël de ma vie. »

PROCHES VOISINS

Pendant plusieurs années, Ken Whitty était régulièrement passé devant une petite dame du voisinage qui s'affairait dans son jardin. Sans la voir plus que ça. Mais en 2008, il eut le choc de sa vie quand il apprit qu'elle était la sœur qu'il avait perdue de vue depuis quarante ans.

Après la mort de leurs parents alors qu'ils étaient encore adolescents, Yvonne et Ken se virent de moins en moins souvent, jusqu'à se perdre complètement de vue à partir de 1970. Quatre décennies plus tard, un Ken de soixante-quatre ans décida de partir sur les traces de sa sœur : il posta une annonce, et un bel après-midi, Yvonne lui téléphona.

« Ça s'est passé aussi simplement que ça, raconte Ken. Je n'arrivais pas à y croire. Je lui ai demandé où elle habitait et elle m'a répondu "Reddish". "Moi aussi !" lui ai-je dit. En fait, on vivait à trois cents mètres l'un de l'autre. J'étais passé devant chez elle je ne sais combien de fois et je l'avais même aperçue dans son jardin. Nous avions tellement changé qu'on ne s'était pas reconnus. »

Le frère et la sœur, qui avaient chacun quatre enfants, et seize petits-enfants à tous les deux, se sont immédiatement revus. Ils ont passé Noël ensemble et se sont présenté leur famille.

« Nos frères et sœurs. Ils nous ressemblent suffisamment pour que chaque différence nous déstabilise, et, quelle que soit la façon dont on le vit, notre relation durera toujours. »

SUSAN SCARF MERRELL

Sœurs (et quelques frères) superstars

Les visages des célébrités sont connus du monde entier, mais pour certains, ils ont cessé d'être intéressants il y a des années.

Ce chapitre jette un œil (qui frise) sur les relations entre sœurs riches et célèbres.

« Mon équilibre vient de ma famille. Ils me disent quand il faut que je me calme, que je descende d'un cran. Ils me disent quand je fais quelque chose de bien. Je pense que les stars perdent contact avec la réalité parce qu'elles ne voient que des gens qui travaillent pour elles. La famille, elle, s'en fiche. »

BEYONCÉ

CRUISE DE NERFS

Tom Cruise a grandi auprès de trois sœurs : Lee Anne et Marian, ses aînées, et Cass, la benjamine. Quand il était enfant, il eut ses premières expériences sentimentales avec les amies de Marian, si l'on en croit son biographe, Dominic Wills.

« [Cruise] se souvient des amies de sa sœur Marian… qui l'asseyaient sur le rebord de l'évier et l'utilisaient pour s'entraîner à embrasser, raconte Wills. La première fois, il s'était retrouvé au bord de l'asphyxie, mais il trouvait ça plutôt marrant. »

Tom ajouta plus tard : « On commence par les amies de sa sœur aînée, et plus le temps passe, plus on s'intéresse aux amies de la petite sœur. »

Apparemment, il a toujours été un bourreau des cœurs.

> « Si je pouvais, je vivrais avec mes trois sœurs. On a toujours été très proches, elles et moi. »
>
> TOM CRUISE

L'AUTRE MOITIÉ JOHANSSON

La superbe actrice Scarlett Johansson a un jumeau, Hunter, qui vit le jour trois minutes après sa naissance, le 22 novembre 1984 à New York.

Plus tard, elle déclara : « Ces trois minutes ont été les plus importantes de ma vie. »

TOUT FEU TOUT FLAMME

Après le divorce de leurs parents, Tatum O'Neal, cinq ans, et son frère Griffin, quatre ans, grandirent plus ou moins livrés à eux-mêmes. Avec de désastreuses conséquences.

« Une fois, j'ai utilisé le briquet [de ma mère] pour mettre le feu au plaid du canapé, raconte Tatum dans son autobiographie *A Paper Life* (2004). Il y a eu une flamme immense, c'était très excitant, mais les pompiers ont dû intervenir et j'en ai retenu une leçon : toujours accuser Griffin. Il s'est vengé en mettant le feu à mes cheveux. »

CHAMPIONNAT D'ORTHOGRAPHE

Un jour, Jake Gyllenhaal déjeunait avec sa grande sœur Maggie dans le salon de thé Wild Lily à Brooklyn quand une sublime actrice fit son entrée. Il murmura quelque chose à Maggie qui ne comprit pas. Il lui gribouilla donc ces mots :

« Isabella Rosilini. »

Maggie répondit par écrit : « Non. »

« Si », insista Jake.

« Non », s'obstina Maggie.

« Si », persévéra Jake.

« Ah oui ? » dit Maggie, et attrapant le stylo de Jake, elle corrigea l'orthographe du nom.

DÉBALLAGE FAMILIAL

En 1974, après avoir interviewé Jack Nicholson pour un article à paraître dans le *Time Magazine*, le journaliste commença à creuser l'histoire familiale. Il découvrit rapidement que John et Ethel Nicholson n'étaient pas les parents de Jack comme l'acteur le lui avait dit, mais ses grands-parents. La vraie mère de la star était leur fille aînée. Il contacta Jack pour lui demander des explications sur ce mensonge, mais il se rendit compte avec stupeur que l'acteur ignorait tout de sa véritable filiation.

« C'est le prix de la célébrité, plaisanta Jack Nicholson plus tard. Les gens commencent à fouiller dans votre vie privée et soudainement, votre sœur devient votre mère. »

TREMPLIN POUR LES ÉTOILES

Enfant, Robert Mitchum s'intéressait assez peu à l'art dramatique, même si sa sœur Annette lui répétait constamment qu'il avait un don. Elle était très impliquée dans un théâtre local et parvint à l'y traîner un soir où on auditionnait pour une pièce.

Assise derrière lui dans la salle, elle attendit que le metteur en scène demande « Qui veut jouer le rôle de… ? » et elle le pointa du doigt. Pris de court, il sursauta, bredouilla un « Je… », et les comédiens sur la scène l'encouragèrent à venir les rejoindre.

Comme on le sait, Robert Mitchum devint l'une des plus grandes stars du cinéma hollywoodien, tout ça grâce à une sœur un peu culottée.

> « Quand j'étais enfant, j'ai cru voir un ange. Il avait des ailes et ressemblait un peu à ma sœur. »
> DENZEL WASHINGTON

Dix choses que vous êtes seule à savoir sur elle

- Elle se rase les jambes avec le rasoir de votre père.
- Elle mouillait encore son lit à sept ans.
- Elle suce toujours son pouce.
- Quand son sourcil tressaute, c'est signe de nervosité.
- Elle tire la langue quand elle est concentrée.
- La première fois qu'elle a embrassé un garçon.
- Une fois, elle a vomi dans son lit et vous avez assuré ses arrières.
- Ses longues boucles sont des extensions.
- Elle a acheté son sac de couturier chez Emmaüs.
- Elle vénère David Hasselhoff en secret.

« Votre sœur sait quand vous avez été gentille ou méchante.
Mieux que le Père Noël. »

LINDA SUNSHINE

Soirée tranquille entre filles

Rien ne vaut un moment de détente entre sœurs. Vous vous connaissez si bien que vous n'avez pas besoin de vous faire la conversation. Évidemment, s'il y a des ragots qui circulent, vous passerez la nuit à les commenter, mais ce qui est bien avec une sœur, c'est que s'il n'y a rien de particulier à dire, on n'est pas obligé de parler. Profitez à fond de cette soirée de détente...

SÉANCE CINÉ

Si vous arrivez à avoir la maison pour vous seules, organisez ensemble une petite soirée à thème, avec visionnage de films larmoyants et douceurs à grignoter.

En amont, préparez vos amuse-gueules favoris, du genre chips à tremper dans des sauces, pop-corn ou mini-croque-monsieur. Si vous voulez vous gâter, jetez un œil aux recettes pages 82-83 : des fraises au chocolat et du pop-corn au caramel... autant de petits plaisirs pas si coupables.

Choisissez un film qui parle de sœurs et que vous regarderez lovées sur le canapé. Vous pourriez louer un de ces DVD.

❀ · ❀ · ❀ · ❀ · ❀ · ❀ · ❀ · ❀ · ❀ · ❀ · ❀ · ❀ · ❀ · ❀ · ❀ · ❀ · ❀ · ❀

27 Robes (2008)

Katherine Heigl est toujours la demoiselle d'honneur et jamais la mariée. Vingt-sept fois, dans vingt-sept robes différentes, elle remonte l'allée derrière l'héroïne du jour. Mais les choses vont de Charybde en Scylla jusqu'à la bascule finale : sa sœur va épouser l'homme qu'elle aime.

Une super comédie romantique, mais une mauvaise idée si votre sœur se trouve dans cette galère.

> « C'est difficile d'être responsable, adulte et sensible tout le temps.
> Comme il est bon d'avoir une sœur au cœur aussi jeune que le nôtre. »
>
> PAM BROWN

Simples Secrets (1996)

Deux sœurs sont fâchées depuis le jour des funérailles de leur père, dix-sept ans plus tôt. Quand l'une des deux, Bessie (Diane Keaton), apprend qu'elle a une leucémie, elles tentent de surmonter leur brouille.

Malgré leurs différends, Lee (Meryl Streep) et ses enfants se mobilisent pour Bessie afin de la faire profiter d'un don de moelle osseuse qui lui sauvera la vie. Leonardo DiCaprio et Robert De Niro complètent l'affiche.

Nota : un film à deux boîtes de mouchoirs.

Margot va au mariage (2007)

Nicole Kidman et Jennifer Jason Leigh sont les sœurs Margot et Pauline. Leurs retrouvailles à l'occasion d'un mariage font ressortir le pire chez chacune d'elles et ressuscitent de vieilles querelles familiales.

Les Ensorceleuses (1998)

Sandra Bullock et Nicole Kidman sont à l'affiche d'une comédie dans laquelle deux sœurs sorcières sont victimes d'une malédiction : les hommes dont elles tombent amoureuses trépassent.

Le casting, formidable, inclut Stockard Channing, Dianne Wiest et Evan Rachel Wood, et pour le plus grand bonheur de la gent féminine, les magnifiques Goran Visnjic et Aidan Quinn.

Les Deux Sirènes (1990)

Dans cette charmante comédie familiale, les très jeunes Winona Ryder et Christina Ricci sont les filles de l'extravagante mère célibataire Cher. Laquelle leur met constamment la honte avec ses loufoqueries saugrenues, mais la relation entre les trois femmes est aussi touchante qu'originale.

Week-end en famille (1995)

Claudia Larson (Holly Hunter) vit l'expérience, souvent calamiteuse, de passer Thanksgiving chez ses parents.

Les relations déjà tendues qu'elle entretient avec une sœur austère et des parents vieillissants sont mises à rude épreuve par les espiègleries de son frère homosexuel (Robert Downey Jr.) qui a invité son petit ami (Dylan McDermott) à la fête.

« Avoir des sœurs prolonge le passé. En vieillissant, ce sont les seules qui ne se lassent pas de vous entendre remâcher vos souvenirs. »

DEBORAH MOGGACH

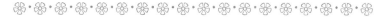

PETITS PLAISIRS GUSTATIFS

Essayez donc une de ces recettes gourmandes pour votre soirée entre sœurs.

FRAISES AU CHOCOLAT

INGRÉDIENTS

125 g de chocolat noir ou au lait de qualité supérieure
20 grosses fraises avec leur queue

RECETTE

① Tapissez un plat ou une plaque à pâtisserie de papier sulfurisé.

② Cassez le chocolat en petits morceaux et mettez-le dans un bol au-dessus d'une casserole d'eau frémissante.

③ Quand le chocolat a complètement fondu, retirez la casserole du feu, mais laissez le bol au bain-marie.

④ Trempez les fraises dans le chocolat fondu jusqu'à mi-hauteur.

⑤ Retirez-les en les faisant pivoter pour éviter les coulures, puis placez-les sur le papier sulfurisé.

⑥ Laissez-les refroidir et durcir avant de servir. Astuce : gardez les fraises au frais, mais pas dans le réfrigérateur.

Pour un raffinement suprême, utilisez du chocolat blanc et saupoudrez de chocolat noir.

RECETTE EXPRESS DE POP-CORN CARAMÉLISÉ

INGRÉDIENTS
250 g de beurre
250 g de sucre en poudre
25 cl de crème épaisse
Un grand sac de pop-corn (déjà soufflé)

RECETTE

① Mélangez le sucre en poudre et le beurre dans une casserole et faites chauffer à feu doux jusqu'à ce que l'appareil caramélise.

② Retirez du feu et laissez refroidir.

③ Ajoutez lentement la crème sans cesser de fouetter.

④ Remettez la casserole sur le feu et faites frémir jusqu'à ce que la crème ait légèrement épaissi.

⑤ Laissez refroidir avant de verser sur le pop-corn. Dégustez aussitôt.

DRESS CODE

Si vous voulez vous faire une vraie soirée filles, apportez votre pyjama, vos pantoufles et votre robe de chambre.

Si l'orgueil ou votre emploi du temps vous en empêche, venez en jogging et sweat-shirt bien douillets. Oubliez les chaussures à talons ou les robes chics, vous les garderez pour les soirées filles en ville.

Que la fête commence !

Depuis vos premiers anniversaires, votre sœur s'est toujours mise en quatre pour vous : goûters avec pêche aux canards et serpentins puis, plus tard, virées en boîte ou dans un bar, c'est sûrement avec elle que vous avez mis le feu à la ville.

Ce n'est pas parce que vous avez grandi que ça devrait changer. Boire un verre à la sortie du boulot, se rendre aux mariages de famille, aux enterrements de vie de jeune fille, aux fêtes d'anniversaires délirantes (un must), c'est entretenir l'esprit de la fête.

COCKTAIL PARADISIAQUE

Le grand classique, c'est la soirée entre sœurs qu'on passe à bavasser autour d'un cocktail sophistiqué.

Allez chercher votre meilleure sœur (et meilleure amie) et partez bras dessus bras dessous dans le bar le plus branché de la ville. Racontez-vous vos vies en sirotant votre poison préféré, Cosmopolitan ou Martini, peu importe.

Si c'est géographiquement ou financièrement compliqué, vous pouvez toujours opter pour une soirée cocktail à la maison. Lancez un CD et plongez-vous dans un livre de recettes de cocktails.

LE COCKTAIL ALEXANDER'S SISTER

Si vous vous sentez l'esprit aventurier, lancez-vous dans la réalisation de ce cocktail au nom prédestiné.

RECETTE

① Mélangez à doses égales du gin, de la crème de menthe et de la crème liquide. Ajoutez des glaçons.

② Agitez ou frappez au shaker, et versez dans des verres à cocktail.

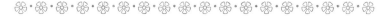

FILLES EN GOGUETTE

Quand êtes-vous allée danser avec votre sœur pour la dernière fois ? S'éclater ensemble sur la piste de danse est un bon moyen de passer un super moment avec elle.

Visez une boîte de nuit avec sublime boule à facettes et dansez jusqu'à l'aube !

CHANSONS DE SŒURS

Ces chansons iraient parfaitement avec la soirée :

- « Dance Little Sister » – Terence Trent D'Arby
- « Lady Marmalade » – Christina Aguilera, Lil'Kim, Pink et Mya
- « We Are Family » – Sister Sledge
- « Sisters Are Doing It For Themselves » – Eurythmics avec Aretha Franklin
- « My Sister, My Friend » – Reba McEntire
- « Chanson des jumelles » (*Les Demoiselles de Rochefort*) – musique de Michel Legrand. Catherine Deneuve et Françoise Dorléac sont doublées par Anne Germain et Claude Parent.

> « Je connais des sœurs qui ne se voient que le jour de la fête des Mères, d'autres qui ne se parlent même plus. Mais la plupart sont comme ma sœur et moi… liées par un amour volcanique, meilleures amies à côté de qui les meilleures amies ne sont que des amies. »
>
> PATRICIA VOLK

ANNIVERSAIRES PARTICULIERS

Si votre sœur fête un anniversaire particulier, elle a sûrement prévu de le célébrer en grande pompe.

Ayez un coup d'avance. Préparez-lui un gâteau surprise (en forme de chiffres qui composent le nombre d'années qu'elle vient d'atteindre) ou portez-vous volontaire pour décorer l'endroit où aura lieu la fête. Vous pourriez aussi offrir une bouteille de champagne, si vous vous sentez d'humeur particulièrement généreuse. Pour des super idées de cadeaux d'anniversaires, allez voir page 154.

TOUT EST DANS LA PRÉPARATION

Rappelez-vous combien c'était réjouissant de vous apprêter ensemble avant d'aller faire la fête. Prévoyez un moment chez vous ou chez elle, pour vous faire belles, vous conseiller dans le choix de vos tenues et accessoires, et surtout, pour profiter entre sœurs de ce moment où l'excitation monte.

Vous pourriez même prévoir une petite virée shopping bras dessus bras dessous pour dénicher la tenue parfaite pour l'occasion.

« Je sais que ma grande sœur m'aime parce qu'elle me donne tous ses vieux vêtements et qu'elle est obligée d'aller s'en acheter des neufs. »

ANONYME

«À propos d'hier soir...»

Quelques phrases que vous n'avez absolument pas envie d'entendre venant de votre sœur :

- ✽ « Maman a dit que tu serais d'accord. »
- ✽ « Ça t'ennuie si je squatte un peu chez toi ? »
- ✽ « Ce n'est qu'une centaine d'euros. »
- ✽ « Mes enfants sont toujours premiers de la classe et ils ont gagné la compétition de tennis aujourd'hui. »
- ✽ « Tu sais, la robe que je t'ai empruntée pour la soirée... »
- ✽ « Tu sais, le garçon dont tu as dit qu'il te plaisait... »
- ✽ « Je croyais que tu *savais* que tu avais été adoptée ! »

> « Elle est le miroir dans lequel se reflètent toutes vos possibilités. Elle est le témoin qui voit en vous le pire et le meilleur et qui vous aime malgré tout. Elle est votre complice, votre compagnon de minuit, celle qui peut dire si vous souriez, même dans le noir. Elle est votre professeure, votre avocate, votre attachée de presse personnelle, et même votre psy. Et parfois, elle vous fait regretter de ne pas être fille unique. »
>
> BARBARA ALPERT

Mauvaise graine

Quand on a une sœur, on le sait : c'est avec elle qu'on fait les quatre cents coups pendant l'enfance. Pour certains tandems, apparemment, ça continue à l'âge adulte.

Voici, tirées des archives, quelques histoires de sœurs scandaleuses dont certaines ont oublié tout sens moral jusqu'à commettre l'irréparable.

SŒURCELLERIES

Nées dans les années 1860, les sœurs Bangs furent des médiums tristement célèbres pour avoir fait fortune sur le dos de clients crédules.

Lizzie et May Bangs étaient les deux sœurs aînées d'une fratrie de quatre nées d'un étameur et de son épouse Meroé, médium patentée. Quand elles étaient petites, elles étaient au centre des séances de spiritisme familiales et montraient d'apparentes aptitudes psychiques pour suivre le chemin de leur mère. En présence de ces enfants « innocentes », les messages de l'au-delà déferlaient.

À l'âge de vingt ans, elles étaient déjà célèbres. Quelques-uns de leurs trucages furent dénoncés par des policiers infiltrés, mais leur popularité n'en souffrit pas, et les sœurs ne firent que parfaire leur technique.

> « De l'aube au crépuscule, leur élégant boudoir ne désemplissait pas,
> et l'argent rentrait à flots dans leur coffre-fort. »
>
> LE *WASHINGTON POST* SUR LES SŒURS BANGS, 1888

TANT QU'ON Y EST...

Les deux sœurs imaginatives utilisèrent aussi leur « don » pour attirer de riches hommes dans leur filet.

Parmi les quatre maris de May, citons le puissant patron d'une entreprise de chimie rencontré au cours d'une séance (elle lui avait dit que sa femme et son enfant décédés voulaient qu'il l'épouse), et un magnat qui avait fait fortune dans le cuir, à qui elle avait fait trois fois des avances, avant de lui dire que sa bien-aimée mère défunte souhaitait qu'il la prenne pour femme. S'il s'exécutait, il rajeunirait de vingt-cinq ans !

FOX-CROQUE

Les sœurs Fox, Kate, Margaret et Leah ont, elles aussi, réussi à faire croire au monde entier qu'elles communiquaient avec les fantômes. La supercherie reposait sur un code secret qu'elles avaient, encore enfants, élaboré ensemble. Les sons que leurs clients croyaient être des échanges entre un esprit et un médium étaient en réalité les craquements des articulations des sœurs.

Le trio avait inventé une sorte de « langage » constitué de bruits secs, grincements et tapotements qu'elles produisaient à l'aide de leurs doigts et orteils, et qu'elles avaient perfectionné en grandissant. Elles gardèrent leur secret pendant près de quarante ans.

❀·❀·❀·❀·❀·❀·❀·❀·❀·❀·❀·❀·❀·❀·❀·❀·❀

Elles moururent dans la pauvreté après que Margaret eut confessé la vérité et proposé une démonstration de craquements d'orteils pour prouver ses dires. Plus tard, elle tenta de revenir sur ses aveux, mais le mal était fait.

FEMMES DE CHAMBRE ASSASSINES

En février 1933, l'avocat français René Lancelin rentra chez lui et trouva sa maison plongée dans l'obscurité, les portes verrouillées de l'intérieur. Il revint avec des agents de police qui réussirent à s'introduire dans les lieux en brisant une vitre.

À l'intérieur, ils constatèrent que l'électricité ne fonctionnait pas. Armés d'une lampe de poche, ils montèrent à l'étage et tombèrent sur un spectacle sinistre. Madame Lancelin et sa fille adulte avaient été battues à mort, leurs ongles arrachés et leurs yeux extraits des orbites.

Dans la chambre du grenier, ils trouvèrent les femmes de chambre Christine et Léa Papin, prêtes à avouer leur crime. La plus âgée des deux, Christine, raconta que les plombs avaient sauté pendant qu'elle repassait, que les lumières s'étaient éteintes, qu'elle avait commencé à se disputer avec sa patronne et que les choses avaient dégénéré.

TROUBLES PARANOÏAQUES

Les sœurs avaient la réputation d'être des employées sérieuses et des grenouilles de bénitier. Elles n'avaient aucune vie sociale et travaillaient entre douze et quatorze heures par jour. Les experts pensèrent que les sœurs avaient toutes deux été victimes d'une crise de paranoïa, un trouble qui peut se produire quand des personnes se replient sur elles-mêmes à force de vivre en vase clos.

❀·❀·❀·❀·❀·❀·❀·❀·❀·❀·❀·❀·❀·❀·❀·❀·❀

Christine fut accusée d'être la personnalité dominante des deux et fut condamnée à une plus lourde peine que sa sœur. Elle mourut à l'asile quatre ans après sa condamnation.

Ce drame secoua la France entière et devint un fait de société célèbre. Quelques intellectuels comme Jean-Paul Sartre ou Jean Cocteau y virent une rébellion de classe.

Nombre d'articles, pièces de théâtre et romans ont depuis été écrits sur l'affaire Papin, et plusieurs films se sont inspirés du destin des deux sœurs : *Les Blessures assassines* (2000), *Sister My Sister* (1994) et *La Cérémonie* (1995), ce dernier avec Isabelle Huppert et Sandrine Bonnaire, sous la direction de Claude Chabrol.

ARSENIC ET VIEILLES DENTELLES

Margaret Higgins et sa sœur Catherine Flanagan furent pendues en 1884 pour le meurtre de Thomas Higgins, le mari de Margaret. Mais les deux sœurs, surnommées les « Veuves noires de Liverpool », pourraient avoir commis d'autres assassinats.

C'est le frère de Thomas qui fut à l'origine de l'enquête au cours de laquelle on découvrit que Thomas, son ex-femme et sa fille de dix ans avaient été empoisonnés à l'arsenic.

À la suite de cette découverte, on exhuma les cadavres de trois autres personnes décédées à Skirving Street : les autopsies montrèrent qu'elles avaient toutes subi le même sort que Thomas.

Le mobile ? Une assurance-vie avait été souscrite avant chacun des décès, et les sœurs avaient reçu une petite somme à chaque fois. Parmi les victimes figurait le propre fils de Catherine.

Quatre autres femmes furent jugées pour ces assassinats, mais elles furent relaxées faute de preuves. Les historiens contemporains affirment que jusqu'à huit femmes auraient joué un rôle dans l'affaire et qu'il fallait ajouter au moins dix-sept victimes à la triste liste.

« La beauté pardonne toutes les fautes,
Hormis ses propres erreurs ;
Tous les malheurs méritent un pleur,
Sauf d'une sœur coupable la honte. »
LORD BYRON, *LE GIAOUR*

Rivalités sororales

❀ · ❀ · ❀ · ❀ · ❀ · ❀ · ❀ · ❀ · ❀ · ❀ · ❀ · ❀ · ❀ · ❀ · ❀ · ❀ · ❀

Comme le dit l'adage : « On peut choisir ses amis, on ne choisit pas sa famille. » Vous ne pourriez pas vous passer d'elle, mais même si elle est votre meilleure amie et votre confidente, il y a toujours un soupçon de rivalité entre vous.

Des petits griefs peuvent devenir grands si on n'y prend pas garde. Le meilleur moyen de tracer sa route dans le champ de mines qu'est une relation sororale, c'est d'être attentif aux signaux d'alerte, et soit de les éviter, soit de les décoder.

CONTRÔLE PARENTAL

« Tu as toujours été la chouchoute » est un grand classique des reproches qu'on peut faire à une sœur, comme si c'était de sa faute si elle s'entendait bien avec les parents.

L'un des motifs de jalousie les plus fréquents dans une fratrie est le sentiment d'injustice que l'un ou l'autre des enfants peut éprouver quant à la façon dont papa et maman les traitent. Les parents n'ont évidemment pas été programmés pour avoir des chouchous, mais leurs rejetons ont souvent l'impression qu'ils lui préfèrent un frère ou une sœur parce que les relations enfants-parents peuvent différer grandement d'un enfant à l'autre.

Cela est généralement dû au caractère et à la personnalité des enfants plutôt qu'à une préférence des parents pour l'un ou pour l'autre, mais ça peut devenir une très grande source de tension au sein de la famille.

QUE FAIRE ?
Si l'accusation vous est adressée, insistez sur le fait que vos parents vous aiment autant l'une que l'autre et rappelez-lui

❀ · ❀ · ❀ · ❀ · ❀ · ❀ · ❀ · ❀ · ❀ · ❀ · ❀ · ❀ · ❀ · ❀ · ❀ · ❀ · ❀

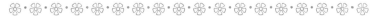

toutes les petites attentions qu'ils lui ont portées et les petits cadeaux qu'ils lui ont offerts quand elle était petite.

Ne laissez pas la conversation dégénérer en dispute, allégez l'atmosphère. Dites-lui : « Tu as toujours été *ma* préférée. »

> **Truc top :** Ne lui racontez pas tout ce que vos parents font pour vous ou que vous faites pour eux, sauf nécessité, surtout si les circonstances, ou son éloignement géographique, font que vous passez plus de temps avec eux qu'elle.
>
> Tenez-la au courant, mais n'en rajoutez pas sur le délicieux dîner qu'ils vous ont concocté la semaine précédente, ou les vacances que vous avez prises avec eux.

DES FILLES EN OR

Quand il s'agit de réussite universitaire ou professionnelle, une chose est sûre, nous sommes tous différents. Votre sœur est peut-être une étudiante brillante et vous peinez à atteindre la moyenne, ou vice versa. Elle choisira peut-être une carrière ambitieuse et planera dans les hautes sphères alors que vous choisirez une vie professionnelle moins flamboyante.

Malheureusement, la sœur vue comme la plus accomplie sera aussi celle qui sera la plus jalousée.

> « Je suis harcelée de questions sur Beyoncé. Quelquefois, je dis que ce n'est pas ma sœur. D'autres fois, je réponds que je l'ai enfermée dans une valise et expédiée à Dubai. Il faut que j'en rie, sinon je vais me transformer en Britney, me raser la tête et devenir dingue. »
>
> SOLANGE KNOWLES

QUE FAIRE ?

1. Soyez délicate. Si votre sœur cadette est ravie d'avoir décroché son bac, résistez à la tentation de lui rappeler votre mention « très bien ». Si vous avez un boulot de rêve, ne vous vantez pas, soyez plutôt attentive à toutes ses victoires personnelles, même si en votre for intérieur, vous les trouvez un peu mineures. Encouragez-la à parler de son travail ou de sa vie quotidienne et montrez que ça vous intéresse.

2. Soulignez les aspects positifs. Si vous réussissez brillamment vos études, louez ses talents personnels, quels qu'ils soient. Dites-lui qu'elle a beaucoup de chance d'être une sportive née, une grande artiste ou que vous admirez sa facilité à se faire des amis. Si c'est une mère accomplie, dites-lui qu'elle élève parfaitement ses enfants.

3. Ne négligez pas vos talents. Si vous vous sentez étouffée par une sœur brillante ou talentueuse, souvenez-vous que sa vie non plus n'est pas parfaite. Vous enviez sa carrière, mais son quotidien est peut-être plus stressant. Vous la jalousez peut-être dans d'autres domaines. Remémorez-vous vos propres succès et tentez de transformer l'essai en suivant des cours du soir dans un domaine qui vous plaît.

4. Soyez fière. On attend des parents qu'ils soient fiers de leurs enfants, mais la rivalité naturelle qui existe dans une fratrie empêche parfois d'être fier de ses frères et sœurs. Dites à votre sœur que vous l'admirez et que vous êtes fière d'elle. C'est ça qu'elle veut entendre !

PROBLÈMES DE STYLE

> « Si votre sœur est pressée de sortir et qu'elle évite votre regard,
> c'est qu'elle porte un de vos pulls préférés. »
>
> PAM BROWN

Avoir une sœur permet de doubler avantageusement la taille de sa garde-robe (à condition d'être à peu près du même gabarit). Pouvoir s'échanger des vêtements pour une soirée, c'est l'assurance d'avoir toujours quelque chose de nouveau à portée de main. Mais attention, s'emprunter des vêtements peut mener au désastre, à moins de suivre ces règles d'or :

1. N'empruntez rien sans lui demander. Si elle n'est pas là, n'extrapolez pas sa réponse : si vous faites votre entrée au pub dans sa robe favorite, vous pourriez le payer très cher.

2. Si elle ne l'a encore jamais portée, ne le faites pas non plus. Elle la garde peut-être pour une occasion spéciale et elle sera furieuse de ne pas être la première à porter sa robe-qui-tue et pour laquelle elle a cassé sa tirelire.

3. Si vous n'avez pas les moyens de la remplacer, ne la portez pas. Même en y faisant extrêmement attention, les vêtements peuvent se déchirer ou se tacher au cours d'une soirée et elle n'apprécierait pas du tout que vous lui rendiez sa robe de couturier à trois cents euros maculée de jus de tomate.

4. Ce n'est pas parce que la tenue lui va bien qu'elle vous ira. Les sœurs ne sont pas toutes bâties pareil et, à moins d'être de vraies jumelles, il est peu probable que vous resplendissiez dans toutes les tenues qu'elle s'achète.

5. Avouez. S'il arrive quelque chose de fâcheux, soyez honnête, dites-le-lui et résolvez le problème. Si un vêtement ne supporte que le nettoyage à sec, mettez-le chez le teinturier chaque fois que vous l'avez porté. S'il a besoin d'être lavé et repassé, ne vous déchargez pas sur elle, c'est à vous de le faire.

« On est bâties pareil et on passe notre temps à se prêter nos affaires. Quand je suis chez Penélope à Los Angeles, je lui emprunte ses robes et quand elle vient chez moi à Madrid, elle se sert dans ma garde-robe. »

MONICA CRUZ

LES SŒURS ET CES MESSIEURS

La chanson d'Irving Berlin « Sisters », chantée par les sœurs Beverley, disait : « Seigneur, aie pitié de la sœur qui se mettra entre mon jules et moi. » On a rarement dit quelque chose d'aussi vrai sur la relation sororale.

Vous avez les mêmes goûts en matière de vêtements ou de décoration intérieure ? C'est parfait, mais c'est beaucoup plus dangereux, parfois fatal, si c'est en matière de messieurs. Lui piquer son jules, flirter avec son ex ou sortir avec le garçon qu'elle convoite, c'est franchir une ligne sans espoir de retour.

Ce danger peut être évité en suivant ces simples règles :

1. Soyez honnête. Elle ne saura pas que vous avez flashé sur le gars de l'épicerie du coin si vous ne le lui dites pas. Si chacune de vous sait sur qui l'autre a jeté son dévolu, vous saurez qui éviter.

2. Si vous n'êtes pas sûre, demandez-lui avant d'accepter un rendez-vous amoureux. Si votre jules potentiel a des accointances avec votre sœur, même s'ils ne sont qu'amis, il serait sage de lui en parler avant de vous lancer dans une relation. Si ça se trouve, elle l'aime en secret, ou elle a de bonnes raisons de ne pas vouloir que vous en approchiez.

3. Ne flirtez pas. Même si vous vous entendez comme larrons en foire avec son amoureux, ayez une attitude irréprochable. Si vous partagez avec lui le même sens de l'humour ou les mêmes centres d'intérêt, tant mieux, mais elle va vite se crisper si vous passez vos soirées à glousser dans un coin avec lui en la laissant mariner dans le sien.

4. Cachez votre haine. Inversement, si vous ne pouvez pas souffrir son nouveau jules, ne montrez pas votre hostilité. Dites-lui calmement en quoi l'attitude du jeune homme vous déplaît, mais surtout, ne lui taillez pas de short. Parions qu'elle va mal le prendre et qu'elle devra choisir entre lui et vous. Tout le monde sera perdant.

5. Ne négligez pas sœurette. L'amour peut modifier les comportements. Donc, si l'une de vous tombe amoureuse, qu'elle ne néglige pas sa sœur pour autant. Si vous avez toujours passé vos samedis soir avec elle et que maintenant, vous voulez les passer avec lui, trouvez un compromis. Réservez-lui le deuxième samedi de chaque mois ou proposez-lui un autre jour en remplacement.

Quand la situation est inversée, soyez aussi compréhensive que possible, mais faites-lui comprendre que vous aimeriez continuer à passer du temps avec elle.

« Quoi qu'il m'arrive dans la vie, une conversation avec ma très chère sœur me réconforte toujours. »

MARY MONTAGU

❀ · ❀ · ❀ · ❀ · ❀ · ❀ · ❀ · ❀ · ❀ · ❀ · ❀ · ❀ · ❀ · ❀ · ❀ · ❀ · ❀

PSYCHOLOGIE ENFANTINE

Rien ne met plus en compétition deux sœurs que leur progéniture, qu'on se le dise.

Aussitôt que leur enfant naît, les fiers parents ne pensent qu'à porter aux nues ses premiers pas ou ses premiers mots. C'est difficile de résister à la tentation de clamer haut et fort les exploits sportifs, musicaux ou matheux du petit, mais ça agace prodigieusement les parents dont l'enfant n'est pas aussi brillant ou doué.

QUE FAIRE ?

Ne comparez pas vos enfants entre eux et souvenez-vous que chacun se développe à son rythme. Ils finissent tous par parler et marcher, et celui qui est dernier en maths à dix ans finira peut-être par devenir neurochirurgien ou par diriger le monde.

EFFORT PARENTAL

Plus tard dans la vie, votre fratrie et vous-même devrez vous occuper de vos parents vieillissants. Cette situation peut réveiller de vieilles rancunes, des rivalités oubliées ou des sentiments de jalousie, et les réactiver.

Dans de nombreuses familles, le frère ou la sœur le/la plus disponible et le/la moins éloigné(e) géographiquement du domicile parental risque de se retrouver injustement en charge de tout.

De la même façon, celui ou celle qui en fait le moins peut avoir l'impression de passer à côté de moments essentiels.

❀ · ❀ · ❀ · ❀ · ❀ · ❀ · ❀ · ❀ · ❀ · ❀ · ❀ · ❀ · ❀ · ❀ · ❀ · ❀ · ❀

QUE FAIRE ?

Si c'est vous qui vous occupez des parents, votre sœur doit savoir que vous apprécieriez son aide. Consultez-la avant de prendre des décisions susceptibles d'affecter la vie de papa et/ou maman.

Et si c'est elle qui a la charge de vos parents, trouvez le temps de la décharger de ses tâches et proposez-lui de prendre le relais aussi souvent que possible.

PETITE VEINARDE !

Quelles que soient les cartes que la vie vous a distribuées, le déroulement de la partie comporte toujours une part de hasard.

Il se peut que votre sœur soit le genre de fille qui perd un sou et retrouve un gros billet, que ce soit elle qui ait les beaux cheveux épais et brillants et vous la tignasse indisciplinée, ou bien qu'elle puisse manger tout ce qu'elle veut sans grossir tandis que vous prenez un kilo à la seule vue d'une plaque de chocolat.

QUE FAIRE ?

La chance peut tourner, et si la donne s'inverse, débrouillez-vous pour être là quand elle aura besoin de vous.

Concentrez-vous sur les bonnes choses qui vous arrivent et réjouissez-vous que la fortune lui sourie. On ne sait jamais : si d'aventure elle gagnait à la loterie la semaine prochaine, avec qui pourrait-elle partager le gros lot mieux qu'avec sa jolie sœur toujours si généreuse ?

La joie des contes

Les sœurs constituent depuis longtemps un thème traditionnel des contes de fées au même titre que les méchantes belles-mères, les marraines fées et les princes charmants.

D'une façon générale, soit elles sont présentées comme un appui pour leurs sœurs qui en ont bien besoin, soit elles servent de faire-valoir à l'héroïne, comme dans *Cendrillon*.

Installez-vous bien, c'est parti…

LES DEUX SŒURS

Ces deux sœurs étaient comme les deux doigts de la main, mais l'une avait bon caractère, et l'autre un caractère épouvantable.

Leur père n'avait pas d'argent, aussi la gentille sœur décida-t-elle de chercher du travail. En cours de route, elle aida toutes sortes de personnages. Elle devint bientôt servante d'une sorcière, qui ne la paya jamais. Mais elle trouva son trésor et décida de regagner ses pénates. La sorcière la poursuivit, alors elle appela à la rescousse les personnages qu'elle avait précédemment croisés, et tous la protégèrent de sorte qu'elle rentra chez elle saine et sauve.

Jalouse de la chance de sa sœur, la méchante fille décida d'aller chercher de l'or, elle aussi, mais refusa d'aider qui que ce soit en chemin. Elle s'empara de l'or de la sorcière, et quand elle tenta de fuir, la sorcière la rattrapa et lui administra une correction.

HANSEL ET GRETEL

Le conte classique du frère et de la sœur qui triomphent de l'adversité, popularisé par Jacob et Wilhelm Grimm.

Accédant aux cruelles exigences de leur belle-mère, leur père les abandonna dans la forêt. Affamés, perdus, effrayés, ils tombèrent sur une chaumière en pain d'épices. Ils se crurent sauvés,

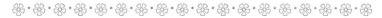

mais la maisonnette était celle d'une sorcière, qui mit Hansel en cage dans l'intention de l'engraisser avant de le manger !

La rusée Gretel fit capoter son plan en poussant la sorcière dans son propre four, sauvant ainsi son frère. Ils rentrèrent chez eux avec le trésor de la sorcière, retrouvèrent leur père et apprirent que leur belle-mère était morte. Après cela, ils vécurent tous les trois très heureux ensemble.

> « Nos frères et sœurs appuient sur des boutons qui nous font endosser des rôles que nous étions convaincus d'avoir abandonnés depuis longtemps – le bébé, le protecteur, le planqué… Et apparemment, ni le temps ni la distance n'y changeront jamais rien. »
>
> JANE MERSKY LEDER

BLANCHE-NEIGE ET ROSE-ROUGE

Deux douces filles pour qui tout finit bien dans la même famille…

Un hiver, un ours brun arriva à la porte des deux sœurs et leur demanda l'asile. D'abord effrayées, les filles se lièrent d'amitié avec lui et elles furent bien tristes quand, l'été venu, il les quitta.

Lorsqu'elles le revirent, il tuait un nain querelleur d'un coup de patte. Sous leurs yeux, il abandonna sa peau d'ours : c'était un prince charmant à qui le nain avait lancé un sort avant de lui voler son trésor, mais la malédiction était à présent brisée.

Blanche-Neige épousa le prince-ours, Rose-Rouge se maria avec son frère, et ils vécurent éternellement heureux.

Histoires de sœurs

Quelques historiettes et anecdotes sur l'art d'être sœur.

CHAUSSŒUR À SON PIED

Jackie et sa sœur cadette avaient depuis toujours les mêmes goûts vestimentaires. Ce qui n'allait pas forcément tout seul : chaque fois que Jackie achetait un nouveau sac à main ou un accessoire quelconque, Ella s'empressait d'acheter le même.

Jackie, qui trouvait cela de plus en plus agaçant, cessa de parler à Ella de ses trouvailles, surtout quand il s'agissait d'un accessoire spécial pour une fête de famille.

Par exemple, à l'approche du mariage d'un cousin, Jackie se garda bien de montrer sa nouvelle robe à sa sœur et demanda à son mari – au lieu de celle-ci – de l'accompagner dans sa quête des chaussures coordonnées.

Repérant une paire de stilettos d'un styliste réputé, elle en tomba aussitôt amoureuse. « Mais ils coûtent quatre-vingt-dix-neuf dollars. Je ne pensais pas y mettre autant », se lamenta-t-elle.

« Au moins, comme ça, ta sœur ne pourra pas s'offrir les mêmes », remarqua son cher et tendre. Argument irrésistible : elle fit fumer la carte de crédit.

Rentrée chez elle, ce soir-là, elle admirait son achat quand le téléphone sonna. C'était Ella.

« Devine ? exultait sa sœur. J'ai trouvé les escarpins les plus divins pour le mariage. Je n'ai pas pu résister, et pourtant, c'est une vraie folie ! Quatre-vingt-dix-neuf dollars… ! »

NOUS NOUS SOMMES TANT AMUSÉE

Le prince Michael de Kent raconta au *Daily Telegraph* l'anecdote suivante : à un dîner au château de Windsor, la reine Victoria était assise à côté d'un vieil amiral sourd et passablement raseur. Il la gratifia d'une histoire interminable à propos d'un vaisseau de guerre qui avait été coulé et récemment remorqué jusqu'à Portsmouth.

N'en pouvant plus, pour changer de sujet, la reine l'interrogea sur sa sœur. Ayant mal compris, le vieil amiral répondit : « Après l'avoir fait retourner cul par-dessus tête, je vais jeter un coup d'œil à son derrière et le ferai racler. »

Victoria aurait « posé ses couverts et, en proie à une vive hilarité, enfoui dans sa serviette son visage strié de larmes de rire ».

SACRÉE SŒURÉE

Alors que ses parents et sa sœur Karen, âgée de quinze ans, avaient prévu de partir pour le week-end, Alex, treize ans, demanda à rester chez une de ses copines. Les derniers détails mis au point avec l'autre mère, sa maman s'en alla l'esprit tranquille.

Mais Alex et son amie avaient des projets à elles : la famille n'avait pas plus tôt disparu au coin de la rue qu'elles s'inventèrent une soirée pyjama chez une autre camarade et retournèrent chez Alex où elles lancèrent une fête.

Karen, la grande sœur, évidemment au courant de ce qu'elles mijotaient, leur réserva un tour à sa façon. Le lendemain matin, elle se leva avant ses parents et appela sa sœur restée à la maison : « Vite ! Range tout ! Papa et maman ont décidé de rentrer plus tôt. On part tout de suite et on sera là d'ici une heure ! »

Alex contempla le désastre et prit une décision express. Impossible de redresser la situation en une heure, alors elle prit la poudre d'escampette en laissant les choses en l'état.

En réalité, la famille ne rentra qu'à quatre heures de l'après-midi – et quand ils récupérèrent la petite fugitive, ils lui passèrent le savon du siècle.

Jamais le terme trouble-fête n'avait été plus approprié !

AU SŒURCOURS !

Trois sœurs de quatre-vingt-quinze, quatre-vingt-treize et quatre-vingt-onze ans vivaient ensemble dans une grande maison.

Un jour, la sœur de quatre-vingt-quinze ans se fit couler un bain. Elle y mit un pied et appela les deux autres : « Les filles, j'entrais dans la baignoire ou j'en sortais ? »

« Cramponne-toi, répondit la sœur de quatre-vingt-treize ans. Je vais voir si je peux t'aider. »

Arrivée à mi-étage, elle s'arrêta et appela : « Les filles, je montais l'escalier ou je le descendais ? »

Secouant la tête d'un air affligé, la vieille dame de quatre-vingt-onze ans assise au rez-de-chaussée marmonna : « Pourvu que je n'arrive jamais à un âge où j'oublierai tout comme ça », et ajouta, en tapant sur la table : « Je touche du bois. »

Puis elle appela : « Je viens tout de suite à votre secours, les filles, mais d'abord il faut que j'aille voir qui frappe à la porte ! »

« Les relations entre frères et sœurs durent plus longtemps que les mariages, survivent à la mort des parents et se renouent après des disputes qui couleraient n'importe quelle amitié. Elles s'épanouissent dans un millier de conditions différentes, de proximité et de distance, de chaleur, de loyauté et de méfiance. »

ERICA E. GOODE

Sœurs à l'écran

« Tu as entendu comment papa nous présente aux gens ? "Voici notre fille Dottie, et voici notre autre fille, la sœur de Dottie." »

LORI PETTY, DANS *UNE ÉQUIPE HORS DU COMMUN*

De tout temps, le cinéma s'est penché sur les sœurs et le lien qui les unit, tantôt pour exploiter cette relation potentiellement dramatique et explosive, tantôt pour montrer la force et le soutien à nul autre pareil que représente une sœur. Quoi qu'il en soit, voici certaines des sœurs les plus mémorables du grand écran :

Qu'est-il arrivé à Baby Jane ? (1961)

Bette Davis est « Baby Jane », l'ex-enfant star et la sœur la plus psychotique de l'histoire du cinéma. Après le déclin de sa carrière, sa sœur aînée, Blanche, incarnée par Joan Crawford, est à son tour devenue une vedette de l'écran, mais les deux sœurs ont eu un accident de voiture d'où Blanche est sortie handicapée.

Des années plus tard, les deux femmes vivent dans une immense demeure où elles ne voient que la femme de ménage une fois par semaine. Jane, qui est dérangée, veille sur sa sœur

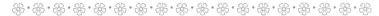

infirme, sa prisonnière virtuelle, et invente constamment des façons plus perverses et plus macabres de la torturer. Une rivalité classique entre sœurs – et actrices ! – poussée au paroxysme.

EN RÉSUMÉ : Deux tordues.

La Couleur pourpre (1985)

Whoopi Goldberg et Akosua Busia sont deux sœurs qui n'ont pas la vie facile dans l'Amérique des années 1900.

Au début du film, Celie (Whoopi Goldberg), dix-sept ans, donne naissance à la seconde fille que lui a faite son propre père, et qui lui est aussitôt enlevée. On l'oblige à épouser un fermier local qui la bat et la viole jusqu'à ce que Nettie (Akosua Busia) vienne habiter chez eux pour fuir les avances de leur père.

Mais Nettie finit par s'en aller en disant à Celie que la mort seule l'empêcherait de rester en contact avec elle. Ne voyant arriver aucune lettre, Celie désespère de jamais la revoir.

Le film tiré par Steven Spielberg du roman bouleversant d'Alice Walker fut nominé pour onze oscars.

EN RÉSUMÉ : Préparez vos mouchoirs.

Hannah et ses sœurs (1986)

Mia Farrow, Barbara Hershey et Dianne Wiest partagent plus qu'un repas dans cette comédie sur les relations entre sœurs. Autour des fêtes de Thanksgiving, Hannah (Mia Farrow), la femme parfaite, réunit la famille. C'est là que son mari (Michael Caine) tombe amoureux de sa sœur Lee (Barbara Hershey).

Ajoutant l'injure à l'insulte, son autre sœur, Holly (Dianne Wiest), amorce une liaison avec l'ex-mari hypocondriaque d'Hannah, interprété par Woody Allen, scénariste et réalisateur du film.

Hilarant et touchant, ce film a été couronné par un oscar.

EN RÉSUMÉ : Oubliez les triangles amoureux ; vive les pentagones amoureux.

Virgin Suicides (1999)

Les cinq jolies filles adolescentes d'un professeur de maths deviennent le sujet des ragots locaux quand l'aînée se suicide, et que la famille se replie sur elle-même.

Les garçons du voisinage sont fascinés par les quatre sœurs Lisbon survivantes qui, sous la coupe d'une mère autoritaire, vivent recluses dans leur maison, laquelle se dégrade de plus en plus. Un an après le premier suicide, les garçons sont invités dans la maison de famille. Peu après leur arrivée, les quatre sœurs se donnent la mort à leur tour.

Une histoire dérangeante d'angoisse adolescente racontée du point de vue des observateurs locaux qui essayent de reconstituer le puzzle de la tragédie, quelques années plus tard.

EN RÉSUMÉ : Identité fraternelle aux conséquences tragiques.

In Her Shoes (2005)

Toni Colette est Rose, une avocate sérieuse et serial shoppeuse, et Cameron Diaz est Maggie, sa belle petite sœur, une fille facile. Après s'être fait jeter dehors par sa belle-mère, Maggie squatte une chambre dans l'appartement de sa sœur et la remercie en couchant avec le petit ami de celle-ci.

Maggie se retrouve de nouveau à la rue et se lance à la recherche d'une grand-mère depuis longtemps perdue de vue dans l'espoir de nouer de nouveaux liens familiaux.

EN RÉSUMÉ : Trahison familiale et pardon.

Rachel se marie (2008)

Kym (Anne Hathaway), une ex-junkie, se présente dans la maison de famille pour le mariage de sa sœur Rachel et découvre avec déception qu'elle n'est pas demoiselle d'honneur. Leur père se fait beaucoup de souci pour sa fille à problèmes, ce qui passe pour du favoritisme aux yeux de sa sœur jalouse.

Alors que la situation s'envenime, un secret remonte à la surface et menace de faire éclater la famille.

Un rôle stupéfiant pour Anne Hathaway, nommée pour l'oscar de la meilleure actrice pour ce rôle, et une histoire à laquelle toute sœur s'identifiera.

EN RÉSUMÉ : On choisit ses amis, mais pas sa famille.

Ma vie pour la tienne (2009)

Anna (Abigail Breslin) est une enfant de onze ans qui a été conçue pour être génétiquement compatible avec sa sœur aînée, Kate, atteinte d'une leucémie.

Soumise à diverses interventions médicales depuis l'âge de cinq ans, elle se rebelle quand on lui demande de faire don d'un

❀ · ❀ · ❀ · ❀ · ❀ · ❀ · ❀ · ❀ · ❀ · ❀ · ❀ · ❀ · ❀ · ❀ · ❀ · ❀

de ses reins et demande l'aide d'un avocat (Alec Baldwin) pour se faire émanciper de ses parents.

Cameron Diaz est la mère obsédée qui se bagarre jusqu'au bout avec l'une de ses filles pour sauver l'autre.

Une histoire puissante qui pose la question : « Et vous, qu'auriez-vous fait ? »

EN RÉSUMÉ : Plus sœurs, tu meurs.

« Deux visages différents, mais quand on est dans la mouise, on pense et on agit comme si on ne faisait plus qu'une. »
IRVING BERLIN, « SISTERS »

❀ · ❀ · ❀ · ❀ · ❀ · ❀ · ❀ · ❀ · ❀ · ❀ · ❀ · ❀ · ❀ · ❀ · ❀ · ❀

Ma sœur, mon amie

« Une sœur loyale vaut mille amies. »

MARIAN EIGERMAN

Les sœurs sont des amies incomparables. Qui d'autre en encaisserait autant ? Qui d'autre connaît tout de vous ? Ou sait exactement quoi vous dire dans les moments pénibles ?

DANS LES BONS ET LES MAUVAIS JOURS

Une sœur sera toujours là pour vous, pour le meilleur et pour le pire. Pour fêter avec vous votre nouvelle promotion, ou vous consoler en cas de drame ou de déception, rien ne vaut une sœur.

Il y a quelque chose de spécial dans le réconfort d'une sœur. Peu importe ce qui vous ennuie ou vous enthousiasme, s'il y a une personne sur qui vous pouvez compter pour partager vos joies comme vos peines, c'est bien votre sœur.

HAUTS ET BAS

Des hauts et des bas, les sœurs Kylie et Dannii Minogue en ont eu leur dose. Quand Kylie a appris, en 2005, qu'elle était atteinte d'un cancer du sein, Dannii s'est précipitée à Melbourne pour être auprès d'elle.

« J'ai toujours pensé qu'elle s'en sortirait. Je ne pouvais pas penser autrement. Impossible. » C'est ce que Dannii raconta ensuite, des larmes dans la voix, à Piers Morgan.

Kylie a vaincu la maladie et une nouvelle plus heureuse, celle de la grossesse de Dannii, arriva en janvier 2010. « Tante » Kylie explosa de joie et twitta : « Félicitations à ma sœur Dannii pour cette merveilleuse nouvelle !!! Hourra, trois fois hourra ! »

SUPER COUPS DE FIL

Vu le style de vie frénétique d'aujourd'hui – nous avons tant d'engagements à honorer, tant d'amis à voir –, il arrive que la famille passe au second plan sur l'agenda de la vie sociale.

Mais une sœur est toujours disponible pour bavarder. S'il n'est pas possible d'organiser un vrai tête-à-tête, trouvez une soirée pour vous rouler en boule dans le canapé et papoter pendant des heures.

RELATION SPÉCIALE

Entre autres choses, une sœur a ceci de particulier qu'on peut lui raconter des choses qu'on n'oserait jamais dire à personne d'autre – trop personnelles pour les parents, trop gênantes ou trop intimes pour les partager avec des amis.

Que ce soit pour parler de nos problèmes de boulot, que l'on ait des problèmes de santé, ou du mal à avaler une mauvaise nouvelle, une sœur est parfois la seule personne vers qui on ose se tourner.

> « On peut tromper le monde entier, mais pas sa sœur. »
> CHARLOTTE GRAY

UNE SŒUR DANS LE BESOIN

Rien de tel qu'une sœur pour s'amuser, s'épancher ou réfléchir à voix haute.

Il n'y a pas mieux pour jouer les conseillères conjugales ou tenir une hotline culinaire non-stop. Une sœur a toujours le chic pour apporter la bonne réponse à tout moment, sur n'importe quel sujet.

RÉVOLUTION DANS LES PLACARDS

Par exemple, une fille est bien obligée d'admettre de temps en temps que sa penderie craque aux coutures et aurait besoin d'un petit nettoyage par le vide. Quand votre placard est à la limite de l'implosion alors que vous n'avez rien à vous mettre, appelez la cavalerie, c'est-à-dire votre sœur, et demandez-lui de passer vos tenues en revue afin de vous aider à décider desquelles vous débarrasser.

Comment procéder

Faites trois tas – garder, jeter, échanger – et demandez-lui son avis si vous n'êtes pas sûre. La pile « échanger » contiendra tout ce dont vous ne voulez plus, mais qui pourrait plaire à votre sœur.

Deux paires d'yeux valent mieux qu'une dans ce genre d'affaires, et il se pourrait même qu'elle vous suggère une façon de customiser ou d'accessoiriser un vêtement qui vous le fera voir d'un autre œil.

L'idée est qu'elle ait aussi la franchise d'avouer qu'elle n'a jamais aimé certaine vieille nippe que vous adorez surtout si vous vous y cramponnez alors qu'elle vous est toujours allée comme des bretelles à un canard.

Si vous habitez encore ensemble, vous pourrez faire les deux garde-robes en une soirée. Dans le cas contraire, prévoyez deux soirées fringues – et une soirée supplémentaire d'amusement entre frangines, une !

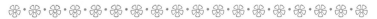

Y A-T-IL UNE EXPERTE DANS LA SALLE ?

Il y a parfois des dons de famille. Si votre maman avait la main verte et si vous avez passé des heures dans le jardin à la regarder jardiner, vous aurez probablement appris un ou deux trucs dès l'âge le plus tendre.

Mais il n'y a pas deux sœurs pareilles; chacune a des aptitudes différentes. N'hésitez pas à demander de l'aide à votre sœur si vous pataugez dans un domaine dans lequel elle est experte – elle sera plus qu'heureuse de vous aider. Après tout, les sœurs sont faites pour ça, non ?

RÉPANDEZ L'AMOUR AUTOUR DE VOUS

Et n'oubliez pas de proposer vos compétences si vous savez qu'elle est confrontée à un problème particulier. Si elle est du genre créatif et vous une matheuse, offrez-lui un coup de main pour sa déclaration d'impôts. Et si elle monte une boîte et que vous touchez votre bille en informatique, proposez-lui de concevoir le site de sa société.

Non seulement vous serez toutes les deux reconnaissantes de l'aide que vous aurez reçue alors que vous étiez confrontées à une difficulté, mais cela renforcera le lien qui vous unit.

« S'aider mutuellement fait partie de la religion qu'est la sororité. »
LOUISA MAY ALCOTT

Sœurs à la « une »

LES SŒURS « RENDENT LES GENS HEUREUX »

C'est officiel! Une étude de 2009 portant sur 571 personnes entre dix-sept et vingt-cinq ans l'affirme : ceux qui ont grandi avec une ou plusieurs sœurs ont plus de chances d'être équilibrés et heureux dans la vie.

D'après l'université d'Ulster, les filles rendraient la famille « plus ouverte et plus disposée à parler de sentiments ».

Les chercheurs ont tout particulièrement mis en évidence l'aptitude des sœurs à aider les familles à se remettre après des événements traumatisants comme un divorce.

Alors, la prochaine fois que votre sœur vous donnera envie de la passer par la fenêtre, rappelez-vous qu'en réalité elle est bonne pour votre santé mentale. Si si!

> « Il s'avère que les sœurs encouragent la cohésion familiale et une communication plus ouverte. »
>
> PROFESSEUR TONY CASSIDY

❀ · ❀ · ❀ · ❀ · ❀ · ❀ · ❀ · ❀ · ❀ · ❀ · ❀ · ❀ · ❀ · ❀ · ❀ · ❀ · ❀ · ❀

SYNCHRONICITÉ

Deux sœurs de Liverpool ont reçu, en mars 2010, le plus beau cadeau de fête des Mères que l'on puisse imaginer : elles avaient toutes les deux eu un bébé la veille. Les sœurs Michelle Hunter et Donna Pooley avaient été prises de contractions à quelques heures d'écart, alors qu'elles ne devaient pas accoucher avant plusieurs semaines.

Michelle fut la première à entrer à l'hôpital de Liverpool, où elle mit au monde Astin, 2,100 kg, et où Donna eut la petite Katlyn, qui pesait 2,360 kg. Le personnel de l'hôpital fut tout aussi surpris par la coïncidence : « Il y a neuf ans que je travaille ici, et c'est la première fois que je vois deux sœurs accoucher le même jour », dit une infirmière.

En prime, aucune des deux sœurs n'oubliera jamais l'anniversaire de son neveu/sa nièce.

AMOUR ARDENT

Quand Jessica Lazaro s'aperçut que sa sœur handicapée se trouvait dans une maison en feu, elle n'hésita pas : elle courut ventre à terre la sauver.

Les sœurs fêtaient le vingt-deuxième anniversaire de Nicole dans la cour de leur maison de Sacramento lorsque celle-ci rentra à l'intérieur et provoqua, on ne sait comment, un incendie.

La maison était la proie des flammes quand Jessica se rendit compte que sa sœur vulnérable n'était pas là. Elle se précipita dans la fournaise et trouva Nicole dans une chambre. Elle la poussa par la fenêtre, lui sauvant ainsi la vie.

Les pompiers qualifièrent cette action d'héroïque.

❀ · ❀ · ❀ · ❀ · ❀ · ❀ · ❀ · ❀ · ❀ · ❀ · ❀ · ❀ · ❀ · ❀ · ❀ · ❀ · ❀ · ❀

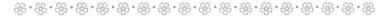

CES BOTTES SONT FAITES POUR MARCHER

Au Népal, trois sœurs entrèrent dans l'Histoire – et firent les gros titres – en devenant guides de treks, activité typiquement masculine dans la région.

Les porteurs comme les trekkeurs considérèrent les sœurs avec étonnement lorsqu'elles se lancèrent dans cette nouvelle carrière, mais les femmes leur firent un beau pied de nez.

L'agence 3 Sisters Adventure Trekking, créée au tournant du millénaire par Lucky, Nikki et Dikki Chhetri afin de guider les touristes sur des pistes difficiles dans l'Himalaya, connaît un immense succès. Elles forment aujourd'hui d'autres Népalaises à ce métier.

« On est un exemple pour elles, par la façon dont on a monté cette affaire, mes sœurs et moi, explique Nikki. Et on constitue un groupe de militantes pour les droits des femmes. »

> « Comment les gens s'en sortiraient-ils dans la vie sans une sœur ? »
> SARA CORPENING

LE DON ULTIME

Après avoir vainement dépensé trente mille livres sterling en traitements contre la stérilité, Amanda Gudz commençait à se dire qu'elle ne connaîtrait jamais les joies de la maternité. C'est alors que sa petite sœur, Sammy Lewin, vint à son aide en lui proposant de porter son enfant à sa place.

« Je n'en croyais pas mes oreilles, confiera Amanda au *Mirror*. Ma petite sœur me proposait de faire le plus grand des sacrifices. »

Sammy se fit implanter, en décembre 2007, deux embryons conçus à partir d'ovules d'Amanda et de spermatozoïdes de son mari. Neuf mois plus tard, la fille d'Amanda voyait le jour.

« Je n'oublierai jamais son regard quand elle a tenu Esme dans ses bras pour la première fois », confia Sammy, qui décrivit ainsi l'échange : « Pour moi, c'est comme si j'avais fait du baby-sitting pendant neuf mois. Disons que je rendais la pareille à Mandy qui avait si souvent gardé mes enfants pendant toutes ces années. »

> « Sois bénie, ma chérie, et n'oublie jamais que tu seras toujours
> dans le cœur de ta sœur – oh, si profondément
> que tu n'as aucune chance de t'enfuir. »
> KATHERINE MANSFIELD

Le temps des vacances

Dans un lointain avenir, vos meilleurs compagnons de vacances auront été vos frères et sœurs. Ah, vos châteaux de sable sur la plage, vos chaussures bien alignées devant la cheminée le soir de Noël, et toutes vos balades sous le soleil printanier lors d'une escapade à la campagne...

Ces vacances en famille figureront peut-être parmi vos meilleurs souvenirs d'enfance. Une promenade que papa et maman vous auront obligée à faire – à votre grand mécontentement – et qui se sera révélée merveilleuse et inoubliable. La fois où il a plu dans la tente, ou le jour où les fourmis ont mangé tout le pique-nique. L'été où vous avez battu vos aînés au Scrabble.

Entretenez l'esprit des vacances. Certes, les familles s'agrandissant, il peut devenir compliqué de partir à nouveau tous ensemble, mais des tas de villas à la mer pourront héberger toute la nichée, sans parler des maisons de campagne près de chez vous qui auront assez de lits pour une couvée étendue.

> « On se fait des amis et on s'attire des ennemis,
> mais nos sœurs sont une tare originelle. »
> EVELYN LOEB

PROFITEZ DU SOLEIL

Les voyages en avion étant relativement abordables par les temps qui courent, qu'est-ce qui vous empêche de vous offrir un petit break au soleil, votre sœur et vous ? Si vous êtes célibataire et libre comme l'air, ce sera la partenaire de vacances idéale. Et si vous avez charge d'âme, un(e) baby-sitter désigné(e) volontaire parmi les membres de la famille rendra le séjour tout à fait agréable.

Alors, allongez-vous sur une chaise longue et regardez passer la caravane du monde.

UN WEEK-END AU LOIN

Si vous n'avez pas beaucoup de temps, pourquoi ne pas opter plutôt pour un week-end d'évasion ? Vous n'imaginez pas le bien que pourrait vous faire un petit break.

Vous pourriez profiter de l'anniversaire d'un membre de la famille – les parents, un frère ou une sœur – pour programmer un petit voyage afin de fêter ça tous ensemble.

PLANTEZ LA TENTE

Il y a des chances pour que les vacances en famille de votre enfance se soient passées au camping – un hébergement bon marché, sans complication, que vous avez adoré – ou détesté.

Pourquoi ne pas remettre ça ? Prenez la route avec votre âme sœur : où que vous plantiez votre tente, vous serez chez vous.

JAMAIS SANS MA SŒUR

Rien de tel, parfois, qu'une escapade entre frères et sœurs, sans personne dans les pattes – maris, femmes, parents ou enfants.

Ce sera l'occasion d'avoir de longues conversations intimes, de faire égoïstement tout ce qui passera par la tête de votre petit groupe, et ça vous donnera une vraie chance de réaffirmer le lien étroit qui vous unit.

Vous pourriez même en faire un événement annuel, réservé sur le calendrier.

UN, DEUX, TROIS, NOËL !

À l'approche de Noël, la perspective d'une réunion de famille se profile inévitablement à l'horizon. Pour la plupart des gens, c'est l'occasion de respecter les traditions dans l'allégresse et de passer un peu de temps tous ensemble à un moment spécial de l'année.

Mais c'est aussi un moment notoirement stressant. C'est fou comme les gens peuvent remuer ciel et terre pour s'amuser en famille. Peut-être les idées suivantes mettront-elles de l'huile dans les rouages des festivités...

> « Dans les cookies de la vie, les sœurs sont les pépites de chocolat. »
>
> AUTEUR INCONNU

TROP DE CUISINIÈRES...

... peuvent gâter la sauce, mais un coup de main en cuisine peut parfois se révéler salutaire. Si votre sœur invite toute la tribu à Noël, proposez-lui d'apporter un plat pour le réveillon, afin de lui économiser le mal de préparer au moins un mets de gourmet.

Vous pouvez aussi suggérer de faire la bûche de Noël, ou les amuse-gueules – bref, quelque chose pour alléger le fardeau.

Si vous avez le temps, pourquoi ne pas préparer ensemble l'essentiel du menu de Noël ? Une séance en cuisine pourrait être aussi amusante que fructueuse.

FONDANTS EN PÂTE À SUCRE

Ces friandises parfumées à la menthe sont géniales à faire pour la saison des fêtes. Elles vous changeront des tâches plus lourdes tout en satisfaisant le goût pour les sucreries de toute sœur digne de ce nom.

C'est une recette qui convient aux enfants, et vous pourrez réquisitionner toute la famille pour les confectionner.

Pour 35 fondants

INGRÉDIENTS
1 blanc d'œuf
350 g de sucre glace
Quelques gouttes d'essence de menthe
Décorations (facultatives)

C'EST PARTI !

① Réservez une petite partie du sucre glace pour saupoudrer votre plan de travail avant d'étaler le mélange, comme la farine quand on étale une pâte à tarte.

② Battez le blanc d'œuf en neige dans un grand bol.

③ Incorporez peu à peu la moitié du sucre glace jusqu'à ce que le mélange devienne crémeux. Ajoutez lentement le reste du sucre en remuant bien pour obtenir une pâte lisse et compacte. Lorsqu'elle sera assez ferme, vous préférerez peut-être la malaxer à la main au lieu d'utiliser une spatule ou un batteur électrique.

④ Ajoutez l'essence de menthe.

⑤ Avec le sucre glace mis de côté, saupoudrez le plan de travail et le rouleau à pâtisserie et étalez la pâte sur une épaisseur de 4 ou 5 mm. À l'aide d'emporte-pièce, découpez des étoiles, des arbres de Noël, des rennes et autres formes festives.

⑥ Vous pouvez les orner de petites boules d'argent, de chocolat fondu ou de toute autre décoration au choix.

⑦ Placez les formes sur une feuille de papier sulfurisé et laissez sécher 24 heures, puis conservez-les dans une boîte hermétique.

⑧ Servez après dîner à la place des chocolats traditionnels.

CURE DE SHOPPING

Certaines choses sont inéluctables dans les semaines qui précèdent Noël : les courses, par exemple, avec leur cohorte de listes et d'appels téléphoniques frénétiques pour vérifier si votre neveu Danny se contenterait du jouet X au lieu du jouet Y, qui est épuisé depuis le mois de septembre.

Pourquoi ne pas fusionner votre corvée de shopping avec celle de votre sœur et bloquer une journée pour régler ça une bonne fois pour toutes ? Ce ne sera peut-être pas moins exténuant, mais vous serez deux à subir stoïquement cette épreuve.

QUI VA OÙ ?

Les familles s'agrandissent, entraînant une inflation d'engagements familiaux : les sœurs se marient, elles ont des enfants, tout ça élargit le cercle de famille et il devient tôt ou tard impossible de passer le grand jour tous ensemble – l'« autre côté » de la famille exigeant aussi votre présence irremplaçable.

Reconnaissez-le tout de suite et apprenez à composer. Peut-être en alternant chaque année la famille où vous passerez Noël

et/ou le jour de l'an, afin que tout le monde ait l'occasion de se réjouir ensemble.

Tâchez quand même de partager au moins un repas avec vos proches, histoire de « marquer le coup ». Le fait de savourer de bons petits plats et de porter des toasts à la santé les uns des autres est une expérience super que vous ne voudrez pas manquer.

« Avec une sœur, on partage souvenirs d'enfance et rêves d'adulte. »

AUTEUR INCONNU

Sœurs d'encre

Comme dans les domaines de la musique et du spectacle, le monde de la littérature a produit des fratries extraordinairement douées qui ont connu le succès dans les mêmes registres.

Voici une poignée des plus célèbres :

LES SŒURS BRONTË

Charlotte, Emily et Anne ont toutes les trois publié leur premier roman la même année, en 1847, prenant le monde de la littérature par surprise. Élevées à Haworth, dans le Yorkshire du Nord, où leur père était vicaire, elles avaient deux sœurs aînées, Maria et Elizabeth, et un frère, Branwell, artiste et poète.

Chose insolite pour l'époque, Charlotte, Emily et leurs sœurs aînées furent envoyées à l'école en 1824, mais elles la quittèrent après que Maria et Elizabeth y eurent contracté la tuberculose, maladie dont elles moururent.

Elles étaient toutes jeunes lorsqu'elles éditèrent elles-mêmes, en 1846, dans le monde sexiste de l'édition, un recueil de poésie sous les pseudonymes androgynes de Currer, Ellis et Acton Bell, mais l'ouvrage n'attira guère l'attention. L'année suivante, leurs premiers romans, publiés ensemble en trois volumes – comprenant *Jane Eyre* de Charlotte, *Les Hauts de Hurlevent* d'Emily et *Agnes Grey* d'Anne –, furent unanimement salués par la critique.

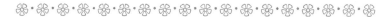

Les sœurs entreprirent d'écrire d'autres romans, mais la tragédie devait frapper la famille à maintes reprises, mettant fin à des carrières littéraires prometteuses.

Un an après la parution de son chef-d'œuvre romantique, situé dans les landes du Yorkshire, **Emily** mourut après avoir pris froid à l'enterrement de leur frère. Elle avait trente ans.

Anne réussit à écrire un second roman, *La Recluse de Wildfell Hall* (1848), avant de mourir de phtisie à l'âge de vingt-neuf ans.

Charlotte vit paraître *Shirley* (1849) et *Villette* (1853) avant son mariage, en 1854, avec le vicaire Arthur Bell Nicholls. Elle mourut l'année suivante, enceinte de leur premier enfant, peut-être de tuberculose, ou de déshydratation provoquée par des malaises matinaux extrêmes.

La vie tragique et pourtant féconde des sœurs Brontë laissa derrière elle un héritage de bonne littérature, et ouvrit la voie à d'autres femmes écrivains ; Anne et Charlotte révélèrent leur véritable identité à leur éditeur peu avant la mort d'Anne.

L'énorme succès de Jane Eyre finit par amener Charlotte à rejoindre la scène littéraire londonienne et à encourager un mouvement féministe parmi les écrivains.

MARGARET DRABBLE ET A.S. BYATT

Les sœurs A.S. (Antonia) Byatt et Margaret Drabble, respectivement nées en 1936 et 1939 à Sheffield, sont devenues deux des auteurs les plus célèbres et les plus encensés par la critique d'Angleterre.

Bien qu'étant la cadette, Margaret a coiffé sa sœur sur le poteau en publiant son premier roman, *The Summer Birdcage*, en 1963, un an avant *L'Ombre du soleil* d'A.S. Byatt.

En tout, Margaret a écrit dix-sept romans, ainsi que des nouvelles et des pièces de théâtre, pendant qu'Antonia publiait neuf romans et plusieurs recueils de nouvelles, d'essais et de textes universitaires. En 1990, celle-ci a remporté le Booker Prize pour son roman *Possession*.

Cela dit, Margaret devança encore une fois sa grande sœur sur la liste des personnes distinguées par la reine : elle fut nommée Dame commandeur de l'ordre de l'Empire britannique dix ans avant que la même distinction soit accordée à Antonia.

The Game (1967), le deuxième roman d'A.S. Byatt, est une étude de la relation entre deux sœurs.

JOAN ET JACKIE COLLINS

Joan Collins, qui s'est d'abord fait connaître comme actrice – surtout dans le rôle d'Alexis Colby dans *Dynastie*, une série télévisée à succès des années 1980 –, s'est récemment lancée dans l'écriture de romans comme sa sœur Jackie, tout en publiant un guide de beauté.

« Je suis l'aînée, et j'ai commencé à écrire avant ma sœur, dit Joan lors d'une interview. À l'école, j'étais toujours première en rédaction, en littérature anglaise et toutes ces disciplines. »

Elle a encore du chemin à faire pour battre le record de sa sœur : au cours de sa carrière d'auteure, Jackie a placé vingt-six de ses livres dans la liste des meilleures ventes.

« On peut voir sa sœur comme une personne qui est à la fois nous-même et très différente de nous – une espèce de double particulier. »

TONI MORRISON

Jours de sortie

Que vous soyez ado ou que vous entriez dans l'« âge d'or », un jour de sortie avec votre sœur est le moyen idéal de resserrer les liens et de décompresser du stress de la vie moderne.

Les parties de lèche-vitrines, les soirées cinéma et les dîners sont des occasions de se retrouver régulièrement, mais que diriez-vous de la surprendre en faisant quelque chose d'un peu différent ?

NOUVEAU LOOK

Quel que soit votre âge, vous utilisez probablement le même fond de teint depuis des années, et il y a gros à parier que vous n'avez jamais bénéficié de conseils professionnels. Et si le moment était venu d'un relooking radical ?

UTILISEZ UN BON-CADEAU

La plupart des grands magasins et des chaînes de parfumerie offrent des séances de maquillage gratuites. Prenez rendez-vous à l'avance, par mesure de précaution, et si possible, essayez de trouver un stand qui dispose de deux maquilleuses afin de pouvoir vous faire faire une beauté en même temps. Rien ne vous oblige à acheter les produits, mais il se peut que vous en ayez envie, alors apprêtez-vous à casser votre tirelire !

PRENEZ LE TEMPS

Réfléchissez au genre de maquillage qui vous conviendrait le mieux à toutes les deux – jeune et funky, ou plus sophistiqué ? –, et consacrez trois bons quarts d'heure à votre métamorphose.

Ça peut paraître long dans un agenda surchargé, mais c'est une grande expérience à partager avec une sœur, et quoi de plus relaxant que de rester assise sans bouger dans un fauteuil pour se faire pomponner et cocooner ?

RÉSERVEZ-VOUS LA JOURNÉE

Comme les magasins sont invariablement situés dans des villes ou des centres commerciaux, vous pourriez prendre toute une journée pour vous et vous offrir un déjeuner ou un grand moment de lèche-vitrines, juste pour le plaisir qu'on vous voie bien, votre nouveau visage et vous.

AVEC DU LAIT ET DEUX SUCRES

Consacrez un moment à vous gâter en prenant le thé dans un grand hôtel ou un salon de thé. Rien de tel qu'une théière d'Earl Grey, une pâtisserie et des petits pains avec de la confiture.

Si vos budgets ne vous permettent pas ce genre de folie, pourquoi ne pas vous offrir ce petit plaisir à tour de rôle chez l'une et chez l'autre ? Un gâteau ne coûte pas cher à confectionner, et sera assurément prometteur d'un délicieux après-midi.

Si, tout compte fait, vous avez craqué pour ce moment de luxe, commandez une coupe de champagne pour accompagner les petits fours, histoire d'ajouter des bulles à l'affaire !

FAITES LE SINGE

Quand avez-vous pour la dernière fois grimpé dans un arbre ?

Se balancer au bout d'une liane est à la mode. Il y a sûrement près de chez vous un centre d'accrobranche où vous pourrez laisser parler le singe qui est en vous. Un peu partout, des parcours aventure dans les arbres propulsent les gens en balade dans les frondaisons pour des journées d'amusement pleines de mousquetons, de ponts de singe et de tyroliennes.

Bien que ce ne soit pas recommandé si vous êtes sujettes au vertige, c'est parfaitement encadré et sécurisé. D'accord, ce n'est pas gratuit, mais ça vous garantit une journée inoubliable.

> « Une sœur peut être la gardienne de votre identité, la seule personne qui ait les clés de votre moi le plus libre, le plus fondamental. »
> MARIAN SANDMAIER

Autre option, un peu moins coûteuse, vous pourriez vous offrir une heure de mur d'escalade. On en trouve dans de nombreux centres de loisirs, dans les centres commerciaux, et c'est une activité géniale pour tous les âges.

Là aussi, vous porterez un harnais – vous n'avez donc pas à craindre de vous casser le cou !

PIQUE-NIQUE REVIVAL

Vous vous rappelez ces belles journées d'été passées à lézarder dans le parc ou au bord de la rivière, à faire les fous avec vos frères et sœurs en vous bourrant de tartines de confiture ?

Tout le monde a de bons souvenirs de pique-niques en famille, et vos frères et sœurs partagent les mêmes que vous, alors quelle meilleure façon de susciter un sentiment de douce nostalgie que de recréer l'une de vos plus belles journées d'enfance ?

LE COIN PIQUE-NIQUE IDÉAL

Si vous habitez encore la même région, vous pourriez choisir l'un des coins que vous préfériez étant enfants, ou vous aventurer plus loin vers un endroit que vous auriez repéré en une occasion spéciale.

PRÉPAREZ LE PANIER PIQUE-NIQUE

Essayez de retrouver les choses que vos parents mettaient dans le panier pique-nique. Les emballer de la même façon, dans du papier-alu, par exemple, sera la moitié du plaisir. Et si vous aviez toujours de vraies assiettes et de vrais couverts, recréez la même mise en scène.

Voici quelques idées de choses que nombre d'entre vous se souviendront d'avoir mangées dans leur enfance – mais vous pouvez avoir des plats préférés rien qu'à vous :

❀ salade de pommes de terre
❀ carottes râpées
❀ œufs durs – dans leur coquille
❀ petits pâtés à la viande
❀ tranches de melon
❀ sandwiches au jambon
❀ sandwiches au fromage
❀ tranches de quatre-quarts
❀ pain d'épices en tranches, ou nonnettes
❀ soda orange ou citron !

❀ · ❀ · ❀ · ❀ · ❀ · ❀ · ❀ · ❀ · ❀ · ❀ · ❀ · ❀ · ❀ · ❀ · ❀ · ❀ · ❀

❀ · ❀ · ❀ · ❀ · ❀ · ❀ · ❀ · ❀ · ❀ · ❀ · ❀ · ❀ · ❀ · ❀ · ❀ · ❀ · ❀

Et que diriez-vous de quelques petits gâteaux pour couronner le festin ?

PETITS ROCHERS
Pour une douzaine de petits rochers

INGRÉDIENTS

225 g de farine avec levure incorporée
110 g de beurre ou de margarine
110 g de sucre en poudre
½ cuillère à soupe de zeste d'orange et/ou de citron râpé
150 g de raisins secs (ou de mélange de fruits séchés)
1 gros œuf ou 2 petits
2,5 cl de lait
Un peu d'eau
Du sucre roux cristallisé pour saupoudrer (facultatif)

RECETTE

① Préchauffez le four sur thermostat 6 (200 °C).

② Tamisez la farine au-dessus d'un saladier, ajoutez le beurre ou la margarine par petits paquets et mélangez du bout des doigts afin d'obtenir une sorte de sable grossier.

③ Ajoutez le sucre, les zestes, les fruits secs et mélangez bien.

④ Incorporez l'œuf.

⑤ Ajoutez progressivement le lait et un peu d'eau pour obtenir une pâte.

⑥ Beurrez ou huilez une plaque de cuisson et disposez dessus des cuillerées de pâte de taille égale, suffisamment espacées pour leur permettre de s'étendre pendant la cuisson.

❀ · ❀ · ❀ · ❀ · ❀ · ❀ · ❀ · ❀ · ❀ · ❀ · ❀ · ❀ · ❀ · ❀ · ❀ · ❀ · ❀

⑦ Saupoudrez de sucre roux (si vous en avez) et faites cuire 12 à 15 minutes.

⑧ Faites refroidir sur une grille à pâtisserie.

SUPPLÉMENTS FACULTATIFS

Pensez à emporter les choses suivantes, et la fête sera complète :

- appareil photo
- ballon de plage
- ballon de foot
- frisbee
- corde à sauter
- tubes de bulles de savon

Aujourd'hui, on ne jure que par les glacières et les sacs isothermes, mais si vous n'allez pas très loin, essayez de trouver un panier de pique-nique traditionnel, ce sera beaucoup plus joli.

Vous pourrez encore garder les mets périssables au frais en les plaçant dans un sac plastique avec un ice-pack.

JEUX EN FAMILLE

Restons un instant dans le registre de la nostalgie : chacun se souvient de papa et maman organisant des concours en famille et encourageant tous les membres de la tribu à y participer. Qu'il s'agisse d'un jeu de cartes, d'une course sur la plage ou

d'un match de foot, jouer en famille est synonyme de rires, de joie de vivre, et – d'accord – peut-être d'un peu d'esprit de compétition. Mais ça « forme le caractère », pas vrai ?

Pourquoi ne pas passer une journée off à revivre certains jeux auxquels vous jouiez ensemble dans votre jeunesse ? Laissez l'enfant qui est en vous revenir à la surface et s'amuser comme le petit fou qu'il n'a jamais cessé d'être !

CHAT-MALLOW

Plus simple, tu meurs, mais c'est un jeu très amusant quand même. Il suffit d'un ballon, et on peut y jouer à autant de joueurs que l'on veut à partir de deux.

- Tenez-vous l'un en face de l'autre si vous êtes deux, ou en cercle, à quelques mètres les uns des autres.
- Lancez-vous le ballon, et celui qui le laisse tomber doit poser un genou à terre.
- Le lâcher une deuxième fois et c'est les deux genoux à terre ; puis un bras dans le dos, puis les deux bras dans le dos !
- Le joueur ainsi handicapé doit rattraper le ballon trois fois de suite pour récupérer chaque fois l'usage d'un de ses membres.
- S'il y a plus de deux joueurs, ils se lancent le ballon dans n'importe quel ordre, au hasard, et feintent à l'aide de lancers factices avant de viser quelqu'un d'autre.

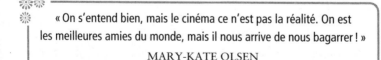

« On s'entend bien, mais le cinéma ce n'est pas la réalité. On est les meilleures amies du monde, mais il nous arrive de nous bagarrer ! »
MARY-KATE OLSEN

« Avoir une sœur, c'est comme avoir une meilleure amie
dont on ne pourrait pas se débarrasser. On sait que
quoi qu'on puisse faire, elle sera toujours là. »

AMY LI

OLYMPIQUE-NIQUE

Voici l'occasion de vous venger de toutes les fois où votre frère/votre sœur vous a battue lors de compétitions sportives scolaires ! Choisissez autant d'épreuves traditionnelles, mais idiotes, que vous voudrez, et concourez pour la médaille d'or. Voici des jeux auxquels on peut jouer à deux ou à plusieurs :

- Le concours de limbo, en utilisant une branche tombée, une ficelle ou une corde à sauter.
- La course à l'œuf (ou à la pomme de terre) dans une cuillère.
- Le strip-tease à l'envers : manteaux, chaussures, gilets et ainsi de suite sont disposés à une certaine distance les uns des autres et doivent être enfilés tout en courant.
- La course en sac, à l'aide de quelques grands sacs-poubelles en plastique, genre sacs à gravats.
- La course à trois jambes, si vous êtes au moins quatre.
- La course d'obstacles. Utilisez des boîtes à goûter, des cordes à sauter, etc. pour faire les obstacles.

Si vous avez assez de matériel pour tous ces jeux, vous pourrez concourir en même temps. Sinon, utilisez une montre avec trotteuse (ou le chrono qu'on trouve sur la plupart des téléphones portables) pour chronométrer chacune des épreuves.

ACTIVITÉS SPORTIVES

Si les jeux de ballon et autres distractions improvisées dans les grands espaces ne sont pas vraiment le truc de votre sœur, vous pouvez toujours transférer la rencontre vers des endroits plus «civilisés». Que diriez-vous de vous rabattre sur une activité plus organisée, du genre :

- bowling
- tournoi de golf
- paintball ou quasar (combat au laser)
- patin à glace ou à roulettes
- fléchettes ou une bonne vieille partie de billard

> «Moi qui n'ai ni frères ni sœurs, je considère avec une pointe d'envie débonnaire ceux dont on peut dire qu'ils ont des amis de naissance.»
>
> JAMES BOSWELL

Briseurs de records

Ces fratries remarquables sont entrées dans les livres des records :

HORS D'ÂGE

Les sœurs Thornton étaient des célébrités en Louisiane, aux États-Unis. À sa mort, à cent quatorze ans, Maggie Rae Thornton Renfro était la quatrième personne la plus vieille du monde, et la plus vieille Afro-Américaine, tandis que Carrie Lee tint jusqu'à cent sept ans, et Rosie Lee jusqu'à cent trois.

Le 8 novembre 2009, hommage fut rendu aux sœurs lors d'une cérémonie organisée par le Cultural Crossroads au Minden Civic Center, en Louisiane. À ce moment-là, les trois sœurs vivantes totalisaient à elles seules 324 années.

SŒURS MIRACLE

Les jumelles lituaniennes Vilija et Vatalija Tamulevicius, nées le 30 mars 1987, partageaient le même crâne et le même système circulatoire cérébral. C'est ce que l'on appelle des jumelles siamoises craniopages. Toutes les tentatives effectuées jusque-là pour séparer des siamois craniopages s'étaient soldées par la mort ou des dégâts cérébraux causés à l'un des deux bébés – ou les deux.

Un spécialiste russe, le Dr Alexandre Konovalov, opéra les deux fillettes pour les séparer le 6 juillet 1989, mais leurs corps rejetèrent les crânes artificiels. Les fillettes furent alors expédiées à Dallas, au Texas, où un médecin américain, le Dr Kenneth E. Salyer, reconstitua leurs calottes crâniennes.

Après ces opérations réussies, les sœurs miraculées rentrèrent chez elles en Lituanie sans dégâts cérébraux, et elles survécurent toutes les deux.

SŒURS DE COURSE

Lorsque Tirunesh Dibaba devint, en 2008, l'athlète la plus titrée de l'histoire des championnats du monde de cross-country en remportant une cinquième médaille d'or internationale, elle n'avait qu'une chose en tête – sa petite sœur.

Une heure plus tôt, Genzebe Dibaba, dix-sept ans, avait remporté par surprise la médaille d'or du championnat féminin junior. Ce double et stupéfiant exploit faisait d'elles la première fratrie à décrocher l'or dans cette compétition.

Mais elles n'étaient pas les seules athlètes de la famille : leur aînée, Ejegayehu, était dans l'équipe victorieuse du championnat du monde en 2004, et elle avait fini sur la deuxième marche du podium aux Jeux olympiques d'Athènes, quant à leur frère Dejene, il commence à se faire remarquer en athlétisme.

« Oui, je suis très heureuse d'avoir remporté cette nouvelle victoire, mais je suis encore plus heureuse pour ma sœur que pour moi. »

TIRUNESH DIBABA

PRIME À L'AMOUR

> « Je suis toujours contente de gagner, mais je suis la grande sœur.
> Je veux être sûre qu'elle a tout, même si moi je n'ai rien. »
>
> VENUS WILLIAMS

Nées à pile un an d'écart, les championnes de tennis Venus et Serena Williams ont porté la rivalité entre sœurs à un niveau inédit : elles se sont rencontrées vingt-six fois dans des matchs professionnels, dont huit finales de Grand Chelem, et Serena s'est imposée quinze fois sur son aînée et a remporté sur elle six victoires en Grand Chelem.

Elles sont néanmoins toutes les deux entrées dans le livre des records du monde : à l'US Open, ayant remporté vingt matches entre 2000 et 2002, Venus est arrivée quatrième dans la catégorie du plus grand nombre de victoires d'affilée ; Serena, quant

à elle, fut la plus jeune championne de double mixte à Wimbledon : elle avait seize ans et deux cent quatre-vingt-deux jours quand elle l'emporta en 1998.

Ensemble, elles ont aussi remporté un succès considérable en double dans le Grand Chelem, décrochant le trophée de Wimbledon à cinq reprises.

> « La famille passe en premier ; c'est ce qui compte le plus.
> Notre amour est plus profond que le tennis. Le tennis
> n'est qu'un sport, la famille, c'est pour toujours. »
> SERENA WILLIAMS

VOIX DE BOLLYWOOD

Les chanteuses Lata Mangeshkar et Asha Bhosle sont les plus grandes vedettes de Bollywood. Elles ont commencé, à treize et neuf ans, par chanter les bandes originales des films, puis à jouer dedans, afin d'aider leur famille après la mort du père.

Elles se taillèrent des carrières prestigieuses. Lata fut la première à connaître le succès, s'étant vu attribuer les chansons des héroïnes, pendant qu'Asha héritait de rôles moins prestigieux de vilaines filles et de séductrices. Entre 1974 et 1991, Lata entra dans le *Livre Guinness des records* comme la détentrice mondiale du plus grand nombre d'enregistrements, ayant cumulé un nombre de titres estimé à trente mille.

Cela dit, la véracité de ce chiffre est contestée, notamment par Asha, la cadette des deux sœurs, qui revendique ce record avec un total de plus de douze mille chansons à son actif.

PLUS ON EST DE FOUS...

En décembre 1998, Nkem Chukwu entra dans l'Histoire en accouchant de six filles et deux garçons dans un hôpital de Houston. C'était le premier cas de naissance d'octuplés en vie.

Eduka, l'aînée, arriva le 15 décembre, et ses sept frères et sœurs la suivirent douze jours plus tard. Malheureusement, l'une des filles mourut une semaine après sa naissance, mais les sept enfants survivants vécurent heureux et en bonne santé.

Les parents avaient eu recours à un traitement contre la stérilité avant d'avoir leurs huit enfants, mais quatre ans plus tard, ceux-ci furent suivis par une autre fille, née naturellement, qu'ils appelèrent Faveur Divine.

Les octuplés Chukwu, ainsi qu'on les surnomma aux États-Unis, vivent dans une maison de six chambres à Houston, au Texas, et se promènent dans un minibus de seize places.

Les enfants Chukwu furent les premiers octuplés à voir le jour sains et saufs, mais le record de survie d'octuplés est maintenant détenu par les enfants d'une mère célibataire, Nadia Suleman, qui donna naissance à huit bébés vivants en 2009, à la suite d'une fécondation *in vitro* peu orthodoxe et très controversée.

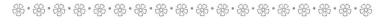

L'HEURE DES JUMELLES

Il est parfaitement normal que Keilani Marie Cardago fête son anniversaire le même jour que sa sœur jumelle… mais elles le fêtent aussi avec leurs petites sœurs Mikayla Anee et Malia Abigail, également jumelles. Les aînées sont nées le 30 mai 1996 et leurs cadettes le même jour, sept ans plus tard.

Ce n'est pas le seul cas de jumeaux nés à la même date dans la même famille :

 Aux États-Unis, Laura Shelley donna le jour à Melissa Nicole et Mark Fredrick Julian Junior en 1990 et à Kayla May et Jonathan Price Moore en 2003, les uns et les autres un 25 mars.

Michele Gorney, également américaine, mit quatre enfants au monde un 18 mars : Kaitlin Mary Garcia et Morgan Mary Garcia en 1996, Reece Shae Rushton et Riley Sy Rushton en 2006.

> « L'un des avantages d'être adulte c'est qu'on se rend compte qu'on peut partager toutes sortes de choses avec sa sœur et en avoir encore tout plein pour soi. »
>
> BETSY COHE

Super cadeaux

> « Une sœur est un cadeau pour le cœur, une amie pour l'esprit,
> un fil d'or vers le sens de la vie. »
>
> ISADORA JAMES

Même si vous connaissez votre sœur par cœur, avouez qu'il vous arrive parfois de chercher le cadeau idéal pour Noël ou son anniversaire.

Voici quelques idées un peu plus originales ou significatives que les offrandes ordinairement emballées à la hâte.

PASSÉ ET PRÉSENT

Faites appel à l'aide de papa ou maman et fabriquez une « capsule temporelle ». Voici comment procéder :

※ Achetez ou décorez une boîte genre carton à chaussures, et remplissez-la de petits souvenirs de la vie de votre sœur.
※ Si c'est possible, allez fouiner dans la tanière de vos parents – vous serez surprise de ce que vous y découvrirez. Par exemple, une petite paire de chaussons de bébé, ou une boucle de cheveux de bébé conservée par maman durant toutes ces années. Un livre de distribution des prix, ou une œuvre d'art primitif : le premier dessin qu'elle a barbouillé.
※ Ajoutez quelques photos amusantes et rédigez un ou deux souvenirs de l'histoire de famille.

Faites en sorte d'être là quand elle l'ouvrira pour pouvoir rire avec elle en revivant ces souvenirs.

UN AN DE SŒURIRES

Si vous ne pouvez pas être avec votre sœur aussi souvent que vous le voudriez, faites-lui savoir que vous pensez à elle tous les jours avec ce cadeau à nul autre pareil.

Remplissez un joli bocal avec trois cent soixante-cinq pensées, blagues et dictons qui traduiront votre affection, vous feront rire

ou lui rappelleront simplement des événements de votre vie. Quelques citations émaillent ce livre, mais en voici deux de plus :

« Les sœurs agacent, se mêlent de tout, critiquent. Se livrent à de terribles bouderies, haussements d'épaules et remarques assassines. Empruntent. Cassent. Monopolisent la salle de bains. Sont toujours dans vos pattes. Mais en cas de catastrophe, les sœurs sont là. Elles vous défendent contre tout ce qui peut arriver. » PAM BROWN

« Nous sommes sœurs. Nous serons toujours sœurs. Nos différences ne disparaîtront peut-être jamais, pas plus, pour moi, que notre chanson. » ELIZABETH FISHEL

PHOTOS-SOUVENIRS

Avez-vous passé des vacances en famille ou un week-end ensemble au cours des dernières années ? Si vous avez une grande collection de photos sur votre ordinateur ou entassées au fond d'un tiroir, partagez-les avec votre sœur.

Vous trouverez toutes sortes d'offres raisonnables pour des albums photo personnalisés (on dirait de vrais livres sur papier glacé), et le tarif étant dégressif avec la quantité, vous pourrez même en commander pour d'autres membres de la famille.

« Si votre sœur sourit en vous écoutant raconter vos histoires, c'est qu'elle reconnaît les passages que vous enjolivez. »
CHRIS MONTAIGNE

Voici quelques autres idées de cadeaux à réaliser avec vos photos de famille :

* Pourquoi pas un fabuleux calendrier ? Ainsi, votre sœur aura tous les jours un souvenir des bons moments passés ensemble.
* Vous avez peut-être une photo préférée de vous deux dont vous pourrez faire un cadeau amusant, par exemple un tapis de souris ou un mug.
* Ou bien vous pouvez acheter un album photo ordinaire et le remplir vous-mêmes de photos et de souvenirs. N'oubliez pas les légendes spirituelles !

BRACELET À MESSAGE

Offrez à votre sœur un beau bijou avec un message personnel afin qu'elle emporte vos sentiments avec elle où qu'elle aille. Vous trouverez des bracelets à message sur Internet et vous pourrez les commander en ligne, ou – mieux – choisissez un bijou que vous savez qu'elle aimera et faites-le graver.

Sur un bracelet plat, vous pourrez faire graver un message à l'intérieur ; certaines chaînes retiennent une plaque qui pourra recevoir une brève gravure.

Truc top : Évitez les messages trop sentimentaux et finalement gênants ; utilisez plutôt un surnom ou une phrase familière pour traduire votre affection.

> « Les sœurs partagent les odeurs et les parfums
> – la sensation d'une enfance partagée. »
>
> PAM BROWN

LIENS DE FAMILLE

Vous êtes de la même famille, alors pourquoi ne pas en découvrir davantage sur votre arbre généalogique et le lui offrir ?

Cela prendra un peu de temps, mais ce sera un témoignage de votre histoire commune qui restera et qui sera transmis à vos propres enfants.

PAR OÙ COMMENCER ?

Partez des membres les plus âgés de la famille et soutirez-leur toutes les informations qu'ils pourront vous donner. Noms, dates de naissance, métiers, endroits où ils ont vécu, tout cela constituera de bonnes bases de départ pour vos recherches.

Les émissions qui parlent de généalogie ainsi que la publication en ligne d'archives comme les recensements de population ont alimenté un intérêt croissant pour l'histoire personnelle. De nombreux sites Internet vous aideront dans votre quête.

Si vous pensez que votre sœur aimerait faire le voyage avec vous, inscrivez-vous toutes les deux sur un site de généalogie. Cela vous procurera le double plaisir de passer plus de temps ensemble et de viser un but commun.

LAISSEZ VOTRE ARBRE S'ENRACINER

Trouvez toutes les histoires que vous pourrez sur vos parents et faites-en un livre commençant par l'arbre généalogique.

Rappelez-vous que les faits bruts de votre généalogie ne sont qu'un début. Plus vous pourrez inclure d'anecdotes savoureuses, mieux ce sera !

> « Nos racines disent que nous sommes sœurs, nos cœurs disent que nous sommes amies. »
>
> AUTEUR INCONNU